내 아들 딸들에게
아버지가 쓴다

내 아들 딸들에게
아버지가 쓴다

허경진 편역

푸른역사

　사람들은 한세상 살아가면서 많은 편지를 쓴다. 어렸을 때는 부모님이나 선생님 그리고 친구들에게, 성년이 되어서는 사랑하는 사람에게, 가정을 이룬 뒤에는 아내나 남편에게, 나이가 든 뒤에는 자식들에게 편지를 쓴다. 사람들은 편지를 통해 안부를 전하고, 하고 싶은 말을 하며 부탁도 한다. 그리고 누군가 편지를 써 보내고 싶은 사람에게는 끝까지 읽어도 아무런 내용이 없는 정겨운 편지를 보내기도 한다.

　나는 오랫동안 학생들을 가르치다 보니, 학기 중이나 방학 중에 학생들로부터 편지를 받곤 한다. 편지에는 직접 만나서 하기 힘든 이야기도 담겨 있지만, 이따금은 특별한 내용이 없는 편지도 종종 있다. 그런데 방학이 지난 뒤에 학교 연구실에 나갔다가 오랫동안 주인을 못 만난 편지를 보면 마치 그 사람을 바람맞힌 것 같아 미안해진다. 졸업한 지 오래 되어 이제는 얼굴도 희미해진 학생이 문득 편지를 보내 오면, 그것처럼 반가운 일이 없다. 그 학생이 학교에 다니던 시절을 기억하며, 나도 그만큼 젊어지기 때문이다. 그러면서도 답장을 보낸 적은 한 번도 없었다. 게을러서가 아니라 우리 모두가 편지를 받는 데에만 익숙해졌기 때문이다.

1

옛날 사람들은 편지를 쓰면서도 반드시 원고를 남겼다. 당시 편지는 아주 중요한 문학 형식이었다. 뿐만 아니라 제자와 스승 사이에 오고간 편지들은 대부분 성리(性理)를 논하는 철학 논문이기도 했으니, 퇴계 이황과 고봉 기대승이 7년 동안 주고받았던 사단칠정론(四端七情論)이 대표적인 편지 논문이다. 이 편지들은 뒷날 《양선생 왕복서 兩先生往復書》3권, 《양선생 사칠이기 왕복서》2권으로 묶어지기도 했다. 그러니 우리나라는 세계에서도 보기 드문 편지의 나라라고 해도 과언이 아닐 것이다.

우암 송시열의 경우 문집이 215권이나 되었는데, 권5는 봉사(封事), 권6권부터 권20까지는 소(疏)·소차(疏箚), 권21은 계사(啓辭), 권22부터 권25까지는 서계(書啓), 권26은 헌의(獻議), 권27부터 권129까지는 서(書)이다. 상대방과 내용에 따라 여러가지 형식의 편지를 썼던 것이다. 권5부터 권26까지가 공식적인 편지라면, 권27부터 권129까지는 개인적인 편지다. 물론 이 뒤에도 편지 형식으로 쓴 글은 많다. 권150에 실린 전(箋)도 짤막한 편지이며, 손자와 손녀의 혼서(婚書)에 보낸 회답 7통 또한 편지이다. 권152, 153에 실린 제문(祭文)들 가운데도 편지 형식이 많다. 문집 215권 가운데 125권 이상이 편지이니 그는 수천 편의 편지를 쓰며 살았던 셈이다. 문집에 실리지 않은 편지까지 생각해 보면, 날마다 편지를 쓴 셈이 된다.

　옛사람들은 편지 하나도 자신의 이름을 걸고 썼다. 뒷날 무슨 일이 생길지 몰라서, 또는 자신의 문집을 엮을 때 자료로 삼기 위해서도 반드시 편지 원고를 남겼고, 편지를 받은 사람도 그 편지를 잘 간직했다. 문집을 엮을 때 자기 편지 아래에다 상대방의 답장을 부록으로 싣기도 했고, 편지를 보내 준 사람이 세상을 떠나면 간직했던 편지를 그의 집으로 보내 주기도 했다. 그의 문집에 싣기 위해서였다. 송시열의 문집은 그 뒤에 다시 속집(續集)으로 엮어졌는데, 아홉 권으로 된 《송서습유 宋書拾遺》는 대부분 편지이다. 문집이 나온 것을 본 친지들이 미처 돌려보내지 못한 편지를 추가로 보내 속집이 엮어진 것이다.

2

　예전의 젊은이들은 훌륭한 학자를 찾아가서 공부했으므로 몇 년씩 집을 떠나 있었는데, 이 동안 부모와 자식 사이에 편지가 많이 오갔고, 부모들은 이 편지를 통해서 가정교육을 했다. 조상들이 물려주신 가문을 잘 이어 가라는 당부와 학문에 전념하라는 당부, 주색에 빠지지 말라는 당부, 과거시험에 꼭 붙으라는 당부가 그것이다.

　그러나 그들의 당부가 꼭 엄격했던 것만은 아니다. 무엇이 중요한지, 무엇을 공부해야 하는지, 어떻게 살아야 하는지, 편지를 통해서 이런 것들을 가르쳤다. 그런 가운데 자식들에게 사랑을 전하기도 하고 슬픔을 함께 나누기도 했다. 예전에는 군사부(君師父) 일체라는 말을 자주 썼는데, 그들은 정말 한 집안을 다스리는 임금이면서, 자식들을 가르치는 스승이었고, 또한 자상한 아버지였다.

　그런데 이따금 상식을 넘어서는 편지도 있어 이채롭다. 당시의 양반 집안 젊은이들에게는 과거시험에 급제하는 것이 가장 큰일이었다. 그래야만 집안을 이어 갈 수 있었으며, 양반으로 행세할 수 있었고, 문중에서도 고개를 들고 다닐 수 있었다. 그런데 하곡 정제두 같은 학자는 아들에게 "우선 과거시험부터 보아라"라고 타이른 반면, 송강 정철은 "과거시험은 작은 일이니 붙건 떨어지건 관계없다"고 하였으며, 다산 정약용은 "아비가 죄를 짓고 유배되어 너희들이 과거시험에 응시할 자격이 없어졌지만, 그럴수록 양반사회에서 도태되지 않기 위해 학문에 힘쓰라"고 당부했다. 아버지의 성품과 상황에 따라서, 같은 문제를 가지고도 이렇듯 다른 내용의 편지를 써서 타일렀던 것이다.

3

　나는 평소에 아이들에게 편지를 자주 썼다. 직장과 집이 떨어져 있어 내가 집에 없는 날 아이들에게 써 보내기도 했고, 외국 여행을 떠난 길에 쓰기도 했다. 지금은 아이들이 멀리 미국에 가 있어 이따금 편지를 써 보낸다. 그런데도 요즘은 너무 바쁘게 살다 보니, 아이들에게 편지를 쓰는 시간도 줄어들었다. 할 말이 있으면 전화부터 거는 것이 습관이 되었으니, 아마도 편지를 쓰는 일은 점점 더 줄어들 것 같다. 우체국에서 편지 쓰기를 장려하는 것을 보면, 나만이 아니라 너 나 할 것 없이 모두들 어지간히 편지를 안 쓰는 모양이다.

그러나 아직도 받으면 반가우면서도 쓰기는 귀찮은 것이 편지이다. 아이들도 아버지의 편지를 받으면 얼마나 좋아할 것인가. 그런 생각을 하다 보니 우리 조상들은 자식들에게 어떤 편지를 썼는지 궁금해져 이책 저책 들춰보다 수백 편의 편지를 찾아보게 되었고, 이 편지들을 두고두고 읽히고 싶어 책으로 엮게 되었다. 그러나 어찌 나에게만 이런 책이 필요하겠는가. 아이들의 얼굴도 볼 시간이 없을 정도로 바쁘다는 우리네 아버지들에게도 이 책은 꼭 필요할 것 같다.

책을 읽으면서 아이들을 생각하고, 한 번쯤은 시간을 내어 편지를 써 보아도 좋을 것이다. 아직은 편지 쓰기가 익숙하지 않더라도, 얼마 지나지 않아 편지 쓰는 시간이 가장 행복한 시간이 될 것이다. 청마 유치환도 우체국 앞에서 편지를 쓰는 시간이 가장 행복하다고 하지 않았던가.

지금 미국에서 공부하는 엄마를 따라 멀리 떨어져 있는 아들 글이와 딸 그림이에게 이 책을 보낸다. 그리고 아버지의 편지를 자주 받아 보지 못하는 모든 아들 딸들을 위하여, 또 아들 딸에게 편지 쓰기가 익숙하지 않은 우리네 모든 아버지들을 위하여 이 책을 바친다.

1998년 12월

허경진

차례

1장 이 아비보다 나은 사람이 되거라

4장 허물을 고칠 줄 알면 성인께서도 용서하셨으니

5장 어미 까마귀는 제 새끼를 부르느라 바쁜데

6장 하늘로 돌아가 누운 너는 편하겠지만

1장
이 아비보다 나은 사람이 되거라

나에게 사랑하는 아들 하나 있으니

이규보

 우리 문학사에 술을 즐긴 시인이 많았지만, 그 가운데 으뜸은 아마도 백운(白雲) 이규보(李奎報 : 1168~1241)일 것이다. 그는 세상에 태어난 지 석 달 만에 나쁜 종기가 온몸에 번져, 여러가지 약을 써도 잘 낫지 않았다. 아버지가 화가 나서 송악산 사당에 들어가 생사를 점쳤는데, "산다"는 점괘가 나왔다. 일찌감치 죽을 고비를 넘긴 그는 평생 술을 즐겼다. 그 탓에 자주 술병을 앓았는데, 자기처럼 술병으로 일어나지 못하는 벗에게 지어 준 시가 있다.

 내가 바로 노련한 의원이라 병을 잘 진단하지.
 누구 때문에 탈났을까. 누룩귀신 탓이라네.
 아황주 닷 말을 새벽마다 마셔야 해.
 이 약이 유영에게서 전해 온 처방이라네.
 〈희우인병주미기 戱友人病酒未起〉

이규보가 스승으로 삼았던 유영(劉伶)은 역사상 가장 술을 좋아한 사람일 것이다. 이규보는 하루 한 섬씩 술을 마셨으며, 이튿날 아침에는 닷 말로 해장하였다. 그는 평소에 종에게 술병과 삽을 가지고 자기를 따라다니게 하였다. 술을 지나치게 마시다가 죽게 되면, 그 자리에 묻어 달라는 뜻이다. 제목 그대로 장난삼아 지어 준 시인데, 이 시는 술을 너무나 좋아하는 자신을 놀리는 시이기도 하다.

그러나 이규보가 무작정 술을 좋아한 것은 아니다. 그는 술을 마시면 시를 지었고, 거문고를 타기도 했다. 그래서 당나라 시인 백낙천(白樂天)의 풍류를 따라 시금주삼혹호선생(詩琴酒三酷好先生)이라는 호를 쓰기도 하였다. 그는 한 잔의 술을 마시면 한 구절 시를 지었다.

> 술이 없으면 시도 지어지지 않고
> 시가 없으면 술도 마시고 싶지 않아.
> 시와 술을 내 모두 즐기니
> 서로 어울리고 둘 다 있어야 하네.
> 손 내키는 대로 한 구절 시를 짓고
> 입 내키는 대로 한 잔의 술을 마셨지.
> 내 어찌 하겠나, 딱한 이 늙은이가
> 시버릇과 술버릇 함께 배운 것을.
> 술이라고 해야 많이 마시는 건 아니어서
> 천백 수 짓는 시를 따라가진 못하지만,
> 술잔을 마주하면 흥취 절로 일어나니

그 마음만은 끝내 알기 어려워라.
그래서 내 병마저 깊어졌으니
죽은 뒤에야 그 버릇 없어지겠지.
그러기에 나 혼자서 속상한 게 아니라
남들도 그 때문에 나무란다네.
〈우음 偶吟〉

　한 구절 시를 지으면 한 잔 술을 마셨다는 그의 모습은 한 말 술을 마시고 100편 시를 지었다는 당나라 시인 이백(李白)을 떠올리게 한다. 이렇게 술을 좋아하던 그였지만, 자기 아들이 어린 나이에 술을 마시는 것만은 그냥 보아넘기지를 못했다. 자신의 술병이 깊어졌으므로, 아들만은 그러한 병에 걸리지 말길 바랐던 것이다. 그만큼 이 아들은 태어날 때부터 그에게 의미가 깊은 아들이었고, 그만큼 기대를 많이 걸었던 아들이었다.

나에게 사랑하는 아들 하나 있으니
그 이름 짓기를 삼백(三百)이라 했었지.
장차 이씨 집안을 일으킬 아이라서
태어나던 저녁엔 어미를 놀라게 했지.
세상에 날 때부터 골격과 이마가 기이했고
눈이 빛난 데다 얼굴까지 희었었지.
뛰어난 세 학사께서
너의 국수 손님이 되어,

시를 지어 아들 낳았다고 축하하니

그 글자들이 쇳돌처럼 쟁쟁했단다.

네게 바라노니 그 사람들 닮아서

재주와 명예가 원진과 백낙천을 넘어서거라.

나는 세상 살면서 얼굴 펼 날이 적었건만

너를 얻고 난 뒤부터는 언제나 웃고 즐긴단다.

가끔 남에게 자랑도 하니

자기 아들 자랑하는 바보 버릇도 생겼단다.

여름이 한창이던 오월 그 달에

처음으로 장안에서 헤어졌었지.

세월만 보내며 만리 밖 나그네 되어

홀연히 붉게 물든 단풍잎을 보노라니,

시절이 날로 바뀌어 갈수록

내 병도 나날이 깊어만 가누나.

귀한 네 몸 어루만질 길이 없기에

슬프고 슬픈 마음에 가슴 아파라.

〈억이아 憶二兒〉

부디 아비가 늘 취하는 버릇만은 배우지 말아라

이 아들이 태어난 날은 이규보에게 뜻깊은 날이었다. 당시에 시인들은 시를 주고받으며 놀았는데, 친구에게 시를 지어 보내면 그 운(韻)에 화답하여 시를 지어 보내는 것이 인사였다. 1195년에 오세문(吳世文)이 302운이나 되는 장편시를 지어 보내자, 그는 즉시 그 운에 따라 화답시를 지어 보냈다. 그가 지은 서사시 〈동명왕편〉이 141운이었으니, 이 시는 그 갑절이 넘는 장편시였다. 이렇게 거침없이 시를 지었으므로, 〈한림별곡〉에서도 그를 "이정언(李正言) 진한림(陳翰林) 쌍운주필(雙韻走筆)"이라고 칭찬하였다. 정언 벼슬을 하던 이규보와 한림 벼슬을 하던 진화가 붓을 쉴새없이 달리며 운에 맞추어 시를 빠르게 짓는다는 뜻이다.

그런데 마침 이규보가 오세문의 시에 화답한 날 아이가 태어났으므로, 그 아이 이름을 삼백(三百)이라고 하였다. 그때 이규보는 28세 젊은 나이였으므로, 쉬지 않고 붓을 달려서 장편시를 지을 수 있었고, 그 감격을 아이 이름에다 붙인 것이다. 더구나 아이가 태어난 지 이레 되는 날에는 오세문·정문갑·유서정 등의 친한 시인들이 찾아와 국수와 떡을 먹으며, 시를 지어 축하해 주었다. 이규보 자신도 이 아이가 자기가 가장 좋아하던 백낙천보다 더 뛰어난 시인이 되기를 바랐다.

그러나 이 아이가 아버지의 뜻대로만 자라지는 않았다. 그가 나중에 아이에게 지어 준 시를 보면, 자기를 닮은 아들에게 당혹감을 느낀 듯하다.

너 어린 나이에 벌써 술잔을 기울이니
몇 년 못 가서 창자가 녹을까 두렵구나.
네 아비 늘 취하는 버릇만은 배우지 말아라.
한평생 남들이 미치광이라고 놀린단다.
〈아삼백음주 兒三百飮酒 1〉

내 한평생 망친 게 모두 다 술 때문인데
너까지 좋아할 건 또 웬일이냐.
삼백이라 이름 지은 걸 이제야 뉘우치니
날마다 삼백 잔씩 마실까 두려워라.

〈아삼백음주 兒三百飮酒 2〉

　게가 옆으로 기면서도 자기 자식에게는 똑바로 기라고 가르친다
거나, 훈장이 "바담 풍" 하면서도 제자에게는 "바람 풍" 하라고 가
르치는 이야기는 바로 이규보의 술버릇을 가리키는 말인 듯하다.
부전자전(父傳子傳)이라고 했는데, 삼백이야말로 아버지 이규보를
가장 잘 배운 아들이다. 자기의 한평생을 망친 것이 모두 술버릇
때문인 것을 늦게야 깨달은 이규보는 부디 아비가 늘 취하는 버릇
만은 배우지 말라고 당부하였다. 그러면서도 이름 때문에 "날마다
삼백 잔씩 마실까 두렵다"고 풍자했으니, 이는 어린 아들에게가
아니라 자신을 향한 뼈아픈 풍자이기도 하다.

청렴결백하여 늘 삼가고 겸손하라

죽음이 가까워진 이 나이에
울며 울며 너와 헤어지는구나.
어디로 가느냐고 네게 물었더니
남쪽 지방 아득한 곳으로 떠난다고 했지.
태수가 된 네게야 영광이겠지만

이번의 이별을 내 어찌 감당하겠느냐.

일흔이 넘은 이 늙은이가

어찌 삼 년을 기다리며 살아 있겠느냐.

영원한 이별인 줄을 분명코 알겠건만

끊어지는 이 아픔을 어찌 다 말하랴.

잘 갔다가 고이 돌아와서

나라에서 귀히 쓰는 신하가 되거라.

가문의 명성을 부디 떨어뜨리지 말고

아무개 아들답다는 칭찬을 들어야 하느니라.

내 생전엔 만날 수 없을는지 모르지만

황천에 가서야 어찌 너를 못 알아보랴.

청렴결백하라. 이것이 으뜸이고

그 다음 지킬 것은 삼가고 겸손하라.

　이규보는 1241년 3월 3일에 이 시를 지어, 홍주 태수로 부임하는 아들에게 주었다. 이 해에 이규보는 일흔네 살이나 된 데다, 병으로 몸이 쇠약해 있었다. 아들을 보낸 뒤에 그의 병이 더욱 깊어져, 결국은 9월 2일에 죽었다. 아들 삼백은 홍주에 있었기에, 아버지의 걱정대로 미처 임종을 보지 못했다. 삼백은 아버지를 닮아서 술만 잘 마신 것이 아니라 글도 잘 지었다. 뒷날 아버지의 작품들을 정리하여 《동국이상국집 東國李相國集》 53권을 편집 간행하였다. 우리가 이규보의 시 2,080수를 만나게 된 것도 모두 이 아들 덕분이다.

아름다운 이름으로 후손에게 본이 되거라

이혼

아버지가 쓴 편지 가운데는 시 형태로 지어 보낸 편지들도 많다. 짧은 글에다 많은 내용을 담으려면 함축적인 시가 가장 좋기 때문이다. 예전 선비들은 시를 짓는 것이 생활의 일부분이었기에 일기나 편지를 쓰는 것처럼 쉽게 시를 썼다.

고려시대 문신 이혼(李混:1252~1312)은 본래 전의(全義) 이씨로, 자를 거화(去華)라고 하였다. 이혼의 아버지가 그에게 지어 준 '거화'라는 자의 뜻은 '화려함을 없애라'는 뜻이다. 이혼의 아버지 이천(李仟)은 몽고군에 맞서 싸운 수군의 명장으로, 해군에서 1992년에 국산 잠수함을 처음 만들자 그를 기념하여 '이천함'이라고 명명했을 정도로 후세까지도 수군들에게 모범이 된 인물이다.

이혼은 17세에 과거에 급제한 뒤에 계속 벼슬이 올랐는데, 올바른 말을 자주 하다가 귀양도 가고 여러 차례 파직도 당했다. 그러면서도 관제개혁에 힘써 벽상삼한공신에 녹훈되기도 하였다. 당시에는 대가족제도였으므로, 아버지가 세상을 떠나면 큰아버지나 작은아버지가 대신 아버지 노릇을 하는 것이 당연하였다. 그가 조카 언충에게 지어 보낸 시를 읽어 보자.

조카 언충에게 부친다.
네 아버진 일찍이 세상을 떠났지만
네 삼촌이 다행히도 살아 있단다.
사랑하는 마음이야 어찌 다르겠느냐.
한 다리 건넜다고 따지지 말거라.
입신 양명해서 반드시 출세하고
돈독한 신의로 가문을 지키거라.
내 바라기는 충효를 온전히 하여
아름다운 이름으로 후손에게 본이 되거라.

  삼촌이 한 다리 건넜다고 따지지 말고, 너를 사랑하는 아비의 말처럼 따르라고 했다. 그런데 그가 당부한 말은 "입신양명해서 반드시 출세하라"는 것이다. 물론 가문을 지키고 충효를 온전히 하라는 충고도 했지만 그건 그 당시에 당연한 말이었고, 그는 가정교육의 첫 번째 가치를 "입신양명과 출세"에 두었던 것이다. 그래서 자신도 첨의정승까지 오르며 오랫동안 인사 문제를 맡았지만, 출세에만 눈이 멀다 보니 청렴하지 못해서 많은 재물을 모았다는 비판을 받았다. 복산장(福山莊)이라는 별장을 짓고서 시와 거문고를 즐기며 손님 맞기를 좋아했던 그를 《고려사》 열전에서도 좋게 평하지는 않았다. 아버지가 "화려함을 버리라"고 거화라는 자를 지어 주었지만, 끝내 그 가르침을 따르지 않아 역사에 아름다운 이름을 남기지 못하게 된 것이다.

이혼의 아들 이소도 재주가 뛰어나서 급제한 뒤에 벼슬이 성균관 악정(樂正:종4품)까지 올랐지만, 아들도 없이 아버지 이혼보다 일찍 죽었다. 이혼은 훗날 예안백(禮安伯)에 봉해져 예안 이씨의 시조가 되기도 했지만, 자기 말대로 입신양명과 출세에 가치를 두기보다 아름다운 이름으로 후손에게 본이 되었더라면, 이 시가 후손들에게 더욱 귀중한 귀감이 되었을 것이다.

그런데 이 편지를 받은 조카 이언충(李彦冲:1273~1338)은 그의 가르침을 잘 받아들였다. 그는 이천의 손자이자, 성균관 대사성을 지낸 이원(李蒝)의 아들인데, 22세에 문과에 급제하여 벼슬길에 올랐다. 원나라에 사신으로 다녀온 뒤에 정당문학과 예문관 대제학을 지냈으며, 충렬·충선·충숙·충혜 네 왕의 총애를 받았다. 고려시대 전의 이씨 가운데 이혼과 더불어 가장 대표적인 인물이 되었다.

이혼의 후손들은 충효에 힘썼는데, 조선시대에 들어와서는 이혼의 증손자인 이정간(李貞幹:1360~1439)이 효자로 이름났다. 그는 공주 목사로 부임하자 고려 말의 충신 포은(圃隱)·목은(牧隱)·야은(冶隱)의 신주를 모신 삼은각(三隱閣)을 계룡산에 세워 그들의 충성을 기렸으며, 집에 돌아오면 늙은 어머니를 정성껏 모셨다. 그의 효성이 널리 소문나자, 1427년 어머니 낙안 김씨가 90세 생신을 맞았을 때에는 세종 임금이 경수연(慶壽宴)을 베풀어 주었다. 이정간이 80세 때 그 어머니 낙안 김씨는 102세였는데. 이때 그가 참새 새끼를 놀리면서 어머니를 즐겁게 하였다. 이를 보고 세상 사람들이 그를 중국의 이름난 효자 노래자(老萊子)에 비해 "노래희 老萊戱"라고 하였다. 그가 세상을 떠나자 세종은 효정(孝靖)이라는 시호를 내리고. "종전충효(宗傳忠孝) 세수인경(世守仁敬)"이라는 여덟 글자를 어필로 써서 하사하였다. 이혼의 가르침에서 유래된 이 여덟 글자는 전의 이씨와 예안 이씨 두 집안의 가훈으로 전해 온다.

내가 실패한 자취를
늘 생각하며 교훈으로 삼거라

김수항

　　김수항(金壽恒:1629~1689)은 병자호란 때 끝까지 항복을 반대했던 김상헌(金尙憲:1570~1652)의 손자로, 1646년 성균시에 수석하고, 진사시에 장원했으며, 1651년 문과에도 장원급제한 수재였다. 게다가 북벌책을 내세운 효종 임금이 그의 할아버지 김상헌을 존경했으므로, 그는 빠른 속도로 승진하였다. 11년 뒤에는 34세 젊은 나이로 예조판서에 발탁되었으며, 44세에 우의정에 올랐다가 곧 좌의정이 되었다. 1674년에 형 김수홍이 영의정에서 물러날 때에 46세 나이로 다시 좌의정이 될 정도로, 이들 형제는 젊은 나이에 일찍부터 너무 오랫동안 권력의 핵심에 있었다.

　　1680년에 남인들이 실각하자 52세 젊은 나이로 영의정이 된 그는 송시열·박세채 등을 불러들여 서인 정권을 굳게 하였다. 이때부터 8년 동안 정권을 잡았는데, 1689년 숙종이 장희빈의 아들을 세자로 삼으려는 데 반대하다가 임금의 노여움을 사고, 남인들에게 탄핵당하여 노론의 영수 송시열과 함께 귀양갔다. 송시열은 제주도로 유배되었다가 서울로 불려오는 길에 정읍에서 사약을 받았으며, 김수항은 진도에서 사사(賜死)당하였다.

유배지 진도에서 사사 명령을 받은 김수항은 자신의 처지와 뉘우칠 일, 그리고 자손들에게 마지막으로 남기고 싶은 말을 편지로 써서 다섯 아들에게 전하였다.

책을 읽는 자손이 끊어지면 안 된다

나는 벼슬이 정승에 올랐고 나이도 육순을 넘겼으니,
이제 왕명을 받아 죽는다 해도 더 이상 여한이 없다.
그래도 뉘우치고 한스러워하는 것이 세 가지 있다.
첫째, 내가 역대로 세 분의 임금을 섬겼는데, 나라의
은혜에 대하여 조그만 공적도 세우지 못하고 결국은 큰
벌을 받아 죽게 되었다. 초지일관 나라에 충성하겠다는
결심이 열매를 이루지 못했구나.
둘째, 내가 젊었을 때부터 학문에 뜻을 두어,
인간으로서의 올바른 도리에 관한 책을 즐겨 읽었으며,
늙어서도 이 뜻만은 잊지 않으려 했다. 그러나 못난
성품과 게으른 습관이 굳어져서, 학문에서 얻은 힘을
실생활에 적용하지 못하고, 이렇게 이뤄 놓은 일도 없이
죽게 되었구나.
셋째, 내 비록 젊은 나이에 벼슬길에 올랐지만, 사실은
벼슬에 뜻이 없었고, 오로지 자연 산수를 좋아하였다.

그래서 늘 마음속으로는 벼슬을 그만두고, 조용한 시골로
내려가서 노년을 보내겠다고 마음먹었다. 일찍부터
백운산 속에 집을 지어 놓았지만, 끝내 이 벼슬이라는
재갈과 족쇄를 벗어 버리지 못하고, 애초에 다짐했던
소원을 이루지 못하였구나.

이 세 가지 소원만은 너희들에게 꼭 알려 주고 싶어서,
이렇게 글로 써서 주는 것이다.

나는 이 어려운 시기를 당하여 내 능력은 생각하지 않고,
내가 있어서는 안 될 자리에 너무 오랫동안 앉아 있었다.
그래서 나라와 백성을 널리 구제하는 책임을 감당하기
어려웠다. 나라와 벼슬을 욕되게 한 내 잘못을 무엇으로
속죄할 수 있겠느냐. 그런 가운데도 임금을 사랑하겠다는
일념만은 하늘과 귀신에 맹세하면서 오늘날까지 지내
왔다. 이러한 나의 솔직한 마음을 내 스스로 밝힐 수야
있겠느냐? 다만 뒷날 자손들이라도 나의 이 마음을
알아주었으면 한다.

옛날 할아버님(김상헌)께서 돌아가실 때에 유언으로
남기시기를, 당신이 죽은 뒤에 초상 치르는 일과
제사지내는 일을 검소하게 하라고 하셨다. 나는 그러한
할아버님의 덕과 업적에 비하여 그 만 분의 일도
따라가지 못할 뿐만 아니라, 지금 임금으로부터 죄를
얻어 죽음을 당하는 마당에 할아버님의 덕을 조금이라도
손상시켜서는 안 된다고 생각한다. 그러니 내가 죽은
뒤에 나를 초상 치르는 일과 제사지내는 일에 있어서

부디 검소하고 간략하게 하여, 조금도 분수에 넘치지
않게 하라.

우리 집의 장례와 제사 예법은 옛부터 전해 내려오는
전통 예법과 다른 점이 많다. 할아버님께서 늘
말씀하시기를, "오래도록 행해 오던 절차를 갑자기
바꾸기는 어렵지만, 꼭 고쳐야 될 점이 있으면 형편을
감안하여 고치도록 하라"고 하셨다. 모든 일은 오래 되면
변하게 마련이니, 옛것이라고 무조건 그대로 지켜서는 안
된다. 그러니 나의 장례를 치르면서 상례(喪禮)와
제례(祭禮) 등의 여러 절차를 《상례비요 喪禮備要》의
지시대로 행하되, 재물이나 힘이 모자라는 것은
형편대로 하여라.

무덤 앞에 놓는 돌들을 사치스럽고 크게 하는 나쁜
습관은 본받지 말거라. 할아버님께서는 신도비(神道碑)도
세우지 못하게 하셨다. 나의 무덤에도 조그만
표석(表石)이나 하나 세우고 지석(誌石)이나 묻도록 하되,
우리 집안의 세계(世系)와 내가 태어나고 죽은 날의
이력만 간단히 쓰거라. 쓸데없는 수식어를 장황하게
늘어놓아서 다른 사람들로부터 비웃음을 당하지 않게
하거라.

나는 본래 재주와 덕이 없었는데, 오로지 선조의 음덕에
힘입어 나라의 은총을 과분히 받고 높은 벼슬자리에
올랐다. 그러니 스스로 화를 불러들인 것이나
마찬가지이다. 오늘 이렇게 (사약을 받게) 된 것은 높은

자리에 오르면 그것을 그만두고 물러날 수 있어야 한다는
가르침을 실행하지 못한 데서 온 것이다. 이제 와서
아무리 뉘우친들 무슨 소용이 있겠느냐. 나의 모든
자손들은 내가 실패한 자취를 늘 생각하여 교훈으로
삼고, 늘 겸손한 자세로 물러날 줄 알아야 한다.
벼슬하게 되더라도 중요하고 높은 자리는 피할 것이며,
집에 있을 때에는 공손한 태도로 검소하게 생활하여라.
다른 사람과 교제하기를 삼가고, 나라의 처사에 대하여
함부로 의논하지 말아라. 모든 것을 우리 선조들이
내려준 교훈대로 따르는 것이 우리 집안을 지키는
길이다. 내 손자들의 이름을 지을 때에 돌림자를 "겸손할
겸(謙)"자로 한 것도 바로 이러한 뜻을 전하기
위해서였다.

옛사람이 이르기를, "책을 읽는 자손이 끊어지면 안
된다"고 하였다. 너희들이 과연 이 뜻을 후손들에게
가르쳐 주어 그들로 하여금 충효를 소재로 한 문헌이
끊임없이 전해지게 한다면, 우리 집안은 대대로 오래도록
이어질 것이다. 그리고 과거나 벼슬길에 나아가는 일만을
최선의 목표로 삼지는 말아라.

기사년(1689) 4월 7일, 문곡(文谷) 옹은 아들
창집·창협·창흡·창업·창즙에게 이 글을 준다.
앞으로 손자들이 모두 자라거든 역시 이 글을 전해
주도록 하여라.

김수항의 아들 5형제는 이 유서의 뜻을 받들며 살았고. 모두 학문과 문장으로 이름났다. 그래서 세상에서는 창(昌)자 돌림의 이들 형제를 가리켜 오창(五昌). 또는 육창(六昌)이라고 불렀다.

창집은 영의정까지 올랐고. 창협은 예조판서를 사양하고 문장가와 성리학자로 이름났는데 《농암집》이 전한다. 창흡도 집의까지 올랐지만 문장과 성리학에 전념하였다. 창업은 벼슬하지 않고 시와 그림으로 이름을 날렸으며. 맏형 창집을 따라 중국에 다녀오면서 《노가재연행록》을 지어 남겼다. 그의 그림은 서자인 윤겸에게 이어져. 진경산수화에 많은 영향을 끼쳤다. 창즙도 벼슬하지 않다가 왕자의 사부를 지냈으며. 아버지의 문집 《문곡집》을 편집하였고. 영의정 유탁기를 가르쳤다.

김수항의 맏아들인 창집의 4대손 김조순(1765~1832)은. 20세에 문과에 급제하고. 38세에 홍문관과 예문관의 대제학을 겸하였다. 딸이 순조의 비(순원왕후)가 되자 영안부원군에 봉해졌으며. 훈련대장과 호위대장을 역임하였다. 그의 후손들은 대대로 왕실과 혼인을 맺으면서 안동 김씨의 세도정치를 열었다.

《주역》에 "항룡유회 亢龍有悔"라는 말이 있으니. 하늘 높이 올라간 용이 후회한다는 뜻이다. 40대에 재상에 올라 17년이나 정권을 잡은 김수항도 죽음을 앞두고 후회가 생겼다. 자신의 능력에 비해 너무 높이 올라간 것부터가 후회되었다. 그리하여 "내가 실패한 자취를 너희들은 본받지 말라"고 다섯 아들에게 유서를 남겼고. 이 편지는 아들 손자 대대로 전해졌다.

오직 의리에 합당하게 하는 것이 옳다

허위

청일전쟁 직후에 명성황후 민씨가 일본 낭인들에 의해서 시해되자, 국모의 원수를 갚겠다고 전국에서 의병들이 일어났다. 왕산(旺山) 허위(許蔿:1855~1908)도 경상도 금산에서 의병을 일으켜 서울로 진격하였다. 그러나 충청도 진천에 이르자 고종이 해산령을 내려, 그는 한을 품고 돌아섰다. 고종이 그의 명성을 듣고 불러 올려 평리원 재판장·의정부 참찬 등의 벼슬에 임명하였지만, 그는 러일전쟁에 이긴 일본이 국정에 노골적으로 간섭하자 망국을 경고하는 상소를 올리고 격문을 돌려 감옥에 갇혔다.

4개월 만에 풀려난 왕산은 삼도봉 밑으로 가서 충청·경상·전라 삼남의 지사들과 국권수호를 논하였다. 그러던 중에 을사보호조약이 강제로 통과되자, 왕산의 맏형이 전답 3천 마지기를 판 비용으로 의병을 일으켰다. 각지의 의병들이 강원도 원주에 있는 의병장 이인영의 진지로 모이자, 왕산도 여기에 가담하여 군사장이 되었다.

　이인영을 총대장으로 한 13도의 대장들이 날짜를 정해 서울로 진격하여 통감부를 뒤엎기로 하고, 각국 공관에 국제법상 교전단체임을 알렸다. 그러나 이인영은 부친상을 당하여 왕산에게 뒷일을 맡긴 채 집으로 가 버렸고, 다른 도의 의병들도 날짜에 맞춰 오지 않았다. 약속한 그날 선두에 선 왕산을 따르는 부대는 그가 이끌던 의병 3백 명뿐이었다. 동대문 밖 30리까지 진격했던 그는 외롭게 싸우다가 뒷날을 기약하고 물러섰다.

　왕산은 그 뒤에도 경기도와 강원도 일대에서 활약하다가, 1908년 6월 경기도 영평군 유동에서 일본군에게 잡혔다. 이때 "의병은 누가 일으켰으며, 그 대장은 누구냐?"고 심문하자, 왕산은 "의병은 이토 히로부미가 일으켰고, 대장은 나다"라고 당당하게 호통쳤다. 회유와 심문 끝에 결국 사형을 언도받는데, 교수형을 당하기 전에 아들들에게 유서를 써서 자기의 뜻을 전했다.

　　아버님의 장례를 좋은 터에 지내지 못하고, 나라의
　　주권을 회복하지 못하여, 효도도 못하고 충성도 못하였다.
　　내 죽은들 어찌 눈을 감으랴.
　　어버이를 위해서 장례를 계획한 지가 20여 년이나
　　되었건만 좋은 터를 구하지 못해서 아직도 임시로
　　장사지냈으니, 죄송스런 마음을 말로 다할 수 없다.
　　금산읍 뒷산 기슭 계좌(癸坐) 판과, 합천 숭산면 비아산
　　자좌(子坐) 판과, 같은 고을 야로면 수구(水口)인 고정

영산 해좌(亥坐) 터에는 이미 표시해 두었고, 경기도 부평산성 옛터에도 또 표시해 두었다. 너희들의 재물이 마련되면 이 두어 곳에 이장하여, 내가 못다 한 정성을 반드시 다하여라.

전날 내가 집에 있을 때에도 생활 방도를 도모하지 않았는데, 하물며 그 이후에야 (내가) 어찌 준비해 두었겠느냐. 살아갈 방도는 저절로 있을 테니, 너희들은 각자 분수대로 살림하는 것이 옳다.

관혼상제(冠婚喪祭)에 관한 예법은 한결같이 우리 집안의 예법대로 하되, 주자가 지은 《가례 家禮》를 참조하여, 허술하지 않게 하라. 성현의 경전을 많이 읽어서, 자신을 수양하고 집안을 단속하며 나라를 다스리고 천하를 평화롭게 하는 기본을 먼저 세운 다음, 새로운 글도 널리 보아서 남과 응대하고 일을 처리하는 방책에 막힘이 없게 하라. 옛것에만 구애되지 말고, 새것만 좋아하지도 말라. 오직 도리에 맞게 하고, 오직 의리에 합당하게 하는 것이 옳다.

무술년(1898) 이전에 내가 지은 글들은 진보(眞寶) 옛집 책 상자 속에 있고, 병신년(1896) 무렵에 지은 시 30여 수는 청주 양아(梁雅)에게 물으면 (어디에 있는지) 알 수 있을 것이다. 내가 시나 문장을 잘 짓지 못하기 때문에, 평소에 초고를 모아 두지 않았다.

아버님의 《청추유고 聽秋遺稿》를 내가 간행치 못하고, 방산(舫山) 형님의 문집도 아직 간행치 못했으니, 이것이

나의 한이다. 너희들이 재력 있을 때에 계획하여라.
너희들이 우둔하기가 나보다 더한 듯하니, 시국 정책에
대해서는 말하지 말아라. 만약 학식이 넓고 성격이
단아한 대인 군자를 만나 가르침을 받아서, 미처
발휘하지 못한 가능성을 발휘하고 미처 깨우치지 못한
것을 깨우치면, 세상에 필요한 인재가 되기에 넉넉할
것이다. 그리하여 우리나라의 주권을 회복하고 동양
평화를 유지토록 한다면, 후생이 두렵다는 옛말처럼 될
줄 어찌 알겠느냐(그러면 나도 너희들을 다시 보게 될
것이다). 너희 형제가 〈백록동학규 白鹿洞學規〉를 한 부씩
적어, 몸에 지니고 다니며 항상 외우고 생각하면, 착한
마음은 나날이 생기고 나쁜 마음은 나날이 없어질
것이다.
억령이는 이미 관례를 치렀고, 양교도 혼인하게 되었다.
혼인을 구하는 마당에는 궁달과 부귀를 논할 것이
아니고, 그 집안의 가풍이 얼마나 어질고 후박한지,
그리고 신랑감이 얼마나 현명한지만 보면 된다. 내
예전에 들으니 안의현 정진사댁에 신랑감이 있다고
하는데 (경직씨가 잘 안다), 곧 알아 보도록 하거라. 억이는
의학교에 입학하는 것이 좋을 듯한데, 초례를 치른 뒤에
곧 올라와서 내 말대로 하여라.
지례 하인동 뒷산과 금오산 굴동 동쪽, 숭산 서쪽에 빈
땅이 있으니, 관청에 허가를 얻은 뒤에 나무를 많이
심어라.

내가 일찍이 집 하나를 지어서 '육일(六一)'이라는
현판을 걸려고 하였다. 천(天)·지(地)·인(人)
삼재(三才)와 고(古)·금(今)·후(後) 삼세(三歲)를
합하여 육(六)이 되고, 내가 지금 사람 가운데 하나이니
또한 육 가운데 일(一)이 된다. 내가 이미 사람이
되었으니, 위를 본받고 아래로 이어 내려서 지금에 살고
있다. 나보다 먼저인 자는 나의 스승이 되고, 나보다 뒤에
오는 자는 나를 스승으로 삼을 터이니, 이 삶이 어찌
중하고 또 크지 않으냐.

만약 자신의 삶을 스스로 작게 여기거나 스스로 낮게
여겨, 지각없는 곤충이나 초목처럼 지내며, 하는 일 없이
어정어정 헤매면서 살다가 죽을 뿐이라면, 하늘이 나를
인간으로 여겨 주신 것에 대하여 장차 무엇으로
보답하겠느냐? 사람으로서 지금 해야 할 의리를 알지
못하고, 지금 살고 있는 도를 다하지 않는다면, (그런
사람은) 삶이 없다고 해도 좋을 것이다. 어찌 부끄럽지
않겠느냐?

내가 집에다 특히 '육일'이라는 이름을 걸려고 하는 뜻은
사람이 해야 할 의리를 알았다거나, 내가 지금 살고 있는
도를 다했다는 것이 아니다. 이 집에서 일어나고 앉으며
오르고 내릴 때에 '육일'이라는 이름이 항상 보이기
때문에, (하늘이) 내게 주신 분명한 명(命)을 알고, 그
직분에 당연히 해야 할 일을 깨우치려 한 것이다.

사람의 본성은 인의예지(仁義禮智)이고, 사람의

윤기(倫紀)는 부자·군신·부부·장유·붕우이며,
사람의 기예는 예(禮)·악(樂)·사(射)·어(御)
·서(書)·수(數)이다. 사람의 도는 궁리(窮理)
·정심(正心)·수기(修己)·치인(治人)이며, 사람의
직업은 사(士)·농(農)·공(工)·상(商)이다. 이것을
부지런히 힘써 조금도 게으르지 않으면, 이 세상에서
헛된 삶은 살지 않을 것이다. 이 뜻이 비록 간절하지만,
감히 나 혼자 차지하려는 것은 아니다. 나와 뜻을
같이하는 자에게 그윽히 바라는 것이니, 어찌 나의
집에만 이 이름을 쓰겠느냐. (이 이름을 쓰는 자들이) 천이
되고 만이 되어, 천하에 널리 깔렸으면 한다.

왕산 허위는 한문을 공부한 선비였지만, 새로운 학문에도 관심을 가졌다. 아들들에게 새로운 글을 널리 보라고 권했으며, 의원을 낮게 여기던 당시에 신식 의학교에 입학하도록 권하였다. 결혼할 때에도 재산보다 인물 위주로 결정하도록 타일렀다. 사형을 앞두고 쓴 유서이지만, 마치 멀리 떨어져 있는 자식들에게 보내는 편지처럼 하나하나 자상하게 일러주었다.

또한 이 편지는 죽음을 앞둔 왕산이 아들들에게 남긴 편지이지만, 꼭 자기 아들에게만 보내는 것은 아니다. 마지막 부분에서 "(육일의 명을 알고 그 직분을 다하자는) 이 뜻이 비록 간절하지만, 감히 나 혼자 차지하려는 것은 아니다"라고 한 것처럼, 이 편지는 겨레의 모든 아들들에게 보내는 편지이기도 하다. 그래서 나의 집에만

이 좋은 이름을 쓸 것이 아니라, "천이 되고 만이 되어 천하에 널리 깔렸으면" 하고 바랐다. 그는 자신의 뜻을 받드는 아들들이 천이 되고 만이 되어 전국에 깔리는 날, 우리나라가 일본의 치하에서 벗어날 것을 확신했던 것이다.

10월 21일 서대문형무소에서 교수형을 당하던 날 일본인 검사가 유족에게 전할 유언을 묻자, 왕산은 "내가 나라 일을 하다가 불행하게도 잡혔으니, 당장 죽어도 할 말이 없다"고 하였다.

검사가 다시 "(처형된 뒤에) 시신을 누구에게 거두라고 부탁하겠는가?"라고 묻자, "죽은 뒤에 시체 거둘 일을 어찌 근심하랴. 옥중에서 썩어도 관계없으니 어서 죽이라"고 답하였다. 이미 나라를 위해 목숨을 바쳤으므로, 시신이 어디에 어떻게 묻힐 것인지는 관심이 없었던 것이다. 또한 일본 중이 명복을 빌겠다고 하자, "충의로운 귀신은 저절로 하늘에 올라갈 것이다. 혹시 지옥에 간다고 하더라도, 어찌 너희들의 도움을 받아 복을 얻겠느냐"고 꾸짖으며 물리쳤다.

그가 교수형을 당하자, 평소에 그를 따르던 의병 박상진이 시신을 거두어 관에 모시고 고향으로 돌아왔다. 장사지낼 물품들은 종로의 장사꾼들이 정성껏 추렴하여 마련하였다. 그러나 고향이래야 집도 남아 있지 않았고, 왕산의 아들 4형제는 모두 이름까지 바꾼 후 왕산의 셋째 형 노(魯)를 따라 만주로 망명한 뒤였다. 그래서 남의 집을 빌려 빈소를 설치하고, 선영 아래에 임시로 장사지냈다.

그의 후손들은 러시아와 만주에 흩어져서 독립운동에 투신하여 선친의 뜻을 받들었다. 뒷날 장손 경성(敬誠)이 어머니(왕산의 맏며느리)를 모시고 귀국하여 살면서, 왕산의 유고를 모아《허위전

집》을 간행하였다. 나라에서는 왕산이 청량리에서 의병을 이끌고
동대문으로 진격하다가 패배하고 물러선 것을 기려, 동대문에서
청량리까지의 길을 왕산로(旺山路)라고 이름붙였다.

관대·공평·정직 이 여섯 글자를
요결로 삼아라

이준형

    석주(石洲) 이상룡(李相龍 : 1858~1932)은 1858년 11월 24일 경상북도 안동시 법흥동에 있는 임청각(臨淸閣)에서 태어났다. 임청각은 석주의 17대조인 형조좌랑 이명이 1515년에 지은 유서 깊은 고택으로, 지금은 보물 제182호로 지정되어 있다. 석주는 소년 시절 임청각에 있는 군자정(君子亭)에서 글을 읽으며 자랐다. 13,4세 무렵에 사서삼경을 비롯한 책들을 두루 읽었던 석주는 남들처럼 과거 시험공부에 전념하였다. 그러다가 15세에 부친상을 당해 3년상을 치르는 동안 집에 전해 오던 수천 권의 장서를 폭 넓게 읽었는데, 특히 천문·지리부터 정치·산수에 이르기까지 실용적인 학문에 힘썼다.

    1895년 명성황후가 일본인들에게 시해당하자 안동의 선비들이 의병을 일으켰는데, 이때 그는 조부상을 당한 상제의 몸으로 의병운동에 참여하였다. 외삼촌 권세연이 대장으로 추대되었으며, 석주가 각종 계획을 세웠다.

또한 그 후 1905년에 을사보호조약이 강제로 체결되었을 때도 가야산으로 가 의병을 일으키려고 하였다. 석주는 매제 박경종과 함께 1만 5천 냥을 마련해 의병 기지를 설치하였지만, 명령을 따르던 의병장 신돌석·김상태 등이 전사하여 실패하였다. 그는 급박하게 변화하는 시국에 대처하기 위하여 동서양의 신간 서적들을 읽기 시작했으며, 신식 교육에 힘썼다. 그리고 1907년 고향 안동에 협동학교를 설립하면서, 독립을 위한 구체적 준비를 시작하였다.

그는 1909년에 의병들과 연결되었다는 이유로 안동경찰서에 잡혀 갔지만, 몇 차례 고문을 당하면서도 끝까지 버텼다. 고향 사람들이 동요하자 경찰에서도 한 달 만에 풀어주었는데, 그는 나오자마자 대한협회 지회를 조직하고 회장에 선출되었다.

내 해골을 고국에 싣고 돌아가지 말아라

1910년에 합방조인 소식을 듣고, 석주는 친일파 송병준과 이용구 등의 목을 베라고 상소하였다. 대한협회가 해산되자 산속 서재로 돌아온 그는 손님과 벗들까지도 만나지 않은 채, 만주 지도를 펴 놓고 망명 준비를 하였다. 그리고는 노비문서를 불태우고, 노비들을 풀어 주어 양민이 되게 하였다. 나라 잃은 망국민으로, 같은 노예가 된 아픔을 깨달았기 때문이었다.

석주의 가족들은 1911년 1월 5일 가묘(家廟)에 가 조상들에게 하직하고, 만주 땅으로 망명길을 떠났다. 이때 문중의 재산을 다 처분하였는데, 논 몇천 평만은 남겨 두어 선영을 돌보고 제사를 받들게 하였다. 석주를 따라간 친인척이 50여 가구나 되었다. 석주는 압록강을 건너면서, 조국을 떠나는 감회를 5언시로 읊었다.

> 이미 내 논밭과 집을 빼앗고
> 내 아내와 자식까지도 넘겨다보니,
> 차라리 내 머리가 잘릴지언정
> 이 무릎 꿇어서 종이 될 수는 없다.

　만주 땅에 도착한 석주는, 먼저 어학강습소부터 설립하여 말부터 배우게 하고, 말이 통하는 동지들을 농촌에 분산시켜 한·중 양족의 친선을 도모하였으며, 경학사를 조직하여 사장이 되고, 중학교를 설립하여 군사과를 부설하였다. 이 학교는 나중에 신흥무관학교로 발전하였다. 또한 석주는 대사탄이라는 곳에다 광업사를 설치하고, 중국인으로부터 황무지를 빌려 논을 개간하였는데, 바로 이곳에서 만주 지역 최초로 논농사가 시작되었다.

　55세가 되던 1913년에는 《대동역사》를 저술하여 신흥학교 교재로 사용하였으며, 청년들에게 군사훈련도 시켰다. 그리고 이어 1918년에는 김좌진 장군과 함께 독립운동을 의논하고 그를 포함한 39인의 지도자가 만주에 모여 무오독립선언서에 서명하였다. 또한 석주는 그 이듬해 국내에서 3·1만세운동이 일어나자 만주의 무력투쟁을 위해 설립된 군정부 총재로 추대되기도 했는데, 그 해 4월 이동녕·이동휘·안창호·이승만 등이 상해에서 임시정부를 세우자, 임정과 손잡고 군정부 제도를 군정서로 고쳤다. 이때 석주 휘하에 있던 이청천 장군의 부대는 왜군과 접전하여 여러 차례 승리하였다.

석주는 67세가 되던 1925년에는 상해 의정원에서 국무령으로 추대되어, 1년 동안 임시정부로 가서 활동하기도 했다.

상해에서 만주로 돌아온 뒤에도 석주의 독립운동은 계속되었으며, 손자 병화까지 독립운동 단체인 청년동맹의 간부가 되었다. 그러나 1931년 만주국이 설립되자 독립운동가들은 일본군뿐만 아니라 만주군까지도 상대해야 하는 난관에 부딪쳤다. 석주는 그 이듬해에 74세로 세상을 떠났는데, 외아들 준형에게 유언을 남겼다.

"국토를 회복하기 전에는 내 해골을 고국에 싣고 돌아가지 말아라. 우선 이곳에 묻어 두었다가, 뒷날을 기다리도록 하여라."

임시정부의 국무령을 지낸 석주 이상룡의 유해는 결국 조국이 광복되고도 45년이 지난 1990년에야 조국의 품으로 돌아왔다. 세상을 떠난 지 58년 만에야 대전국립묘지에 안장된 것이다.

하루를 더 사는 것이 하루의 수치를 더할 뿐이다

석주의 외아들 동구(東邱) 이준형(李濬衡 : 1875~1942)도 36세의 젊은 나이에 아버지를 따라 압록강을 건넌 후, 30여 년 간 만주에서 석주를 도와 독립운동을 하였는데, 특히 문서와 비서 업무를 맡았다. 1913년에는 고향으로 몰래 돌아와 애국동지들을 찾아다니며 군자금을 모금했으며, 본가에 남은 재산을 정리하여 만주로 가지고 돌아갔다. 그 후 동구는 아버지 석주가 세상을 떠나자 유언대로 만주 서란현에 임시로 묻고는, 늙은 어머니를 모시고 안동 임청각으로 돌아왔다. 만주국이 세워진 뒤에는 독립운동을 하기 힘들었으므로, 고향으로 돌아와 앞날을 기약한 것이다.

고향으로 돌아온 동구는 10년 동안 석주의 유고를 정리하고 유사(遺事)를 기록하는 등 위선사업(爲先事業)에 전념하였다. 그러나 일제가 동남아전쟁을 일으키면서 조국광복의 날이 더욱 멀어지자, 비분강개하여 유서를 남기고 자결하였다. 1942년 9월 2일 67세 생일을 맞아, 범계정에서 스스로 목숨을 끊은 것이다. 10년 전에 아버지 석주가 유언을 남겼던 것처럼, 이번에는 동구가 아들 대용에게 유서를 남겼다.

아들 대용 보아라.
한 번 걸린 병이 30년 동안 끌어, 늙어갈수록 더욱 더
심해지니, 세상에 하루를 더 사는 것이 다만 하루의
수치를 더할 뿐이다. 나의 병세를 자연에 맡기더라도,
한두 해를 넘기지 못할 것이다.
하고많은 걱정거리들을 네게만 맡겨 부담시키는 것은 내
본심이 아니다. 그러나 방안에 누워 신음하며 괴롭게
죽을 날을 기다리는 것은 내가 원하는 바가 아니다.
(자결하는) 나의 처사를 도리를 아는 군자가 듣게 된다면
혹 경망하다고 여길지 모르겠지만, 내 나름대로 택한 바
의리가 있으니, 너는 모름지기 내 마음을 헤아려서
지나치게 슬퍼하지 말아라.
집안의 일은 내가 평일에도 이미 간섭하지 않았고, 또
네가 능히 감당하였으니, (더 이상) 말할 필요가 없다.
문중의 일은 탑골과 평지 두 아저씨와 상의하여 처리하면
큰 잘못이 없을 것이다. 다만

관대(寬大)·공평(公平)·정직(正直) 이 여섯 글자를
요결로 삼는 것이 좋겠다.

집 정리하는 것을 보지 못하고 죽는 것이 내 유감이다.
내가 죽은 뒤에 모름지기 의논할 만한 곳에 상의하여,
가까운 시일 안에 처리하는 것이 좋겠다.

(아버님의) 면례(緬禮)에 관한 일은 우선 임시로 모셔
놓은 묘소에 가토(加土)만 하였다가, 훗날
마무리짓도록 하여라.

술을 마시던 사람이 술을 끊으면 병나기 쉽다. "줄여서
마시기 어렵다"는 말이 있지만, 될 수 있으면 (일단은)
주량을 줄이도록 하여라. (그런 뒤에 끊거라)

도증(道曾)의 어미는 나를 효성껏 봉양하였으니,
모름지기 정중히 대하라. 내가 죽은 뒤에, 가까운 친척
이외에는 부고를 보내지 말아라.

내 평생에 수치스런 일이 많았으니, 명정에
"치재 恥齋"라고 쓰는 것이 좋겠다.

도증의 학업은 땅을 팔고 재산을 줄이더라도 반드시
중도에 그만두지 말아라.

각처의 문자(文字)와 안본(案本)은 모두 찾아서
돌려보내도록 하여라. 유곡(酉谷)의 문자와 초본(抄本)이
책상 안에 있으니, 네가 모름지기 정서하여
보내도록 하거라.

가로 세로 한 자 남짓한 한지에 붓으로 기록한 이 유서에는 검붉은 핏자국이 선명하게 찍혀 있어, 56년이 지난 지금까지도 보는 사람으로 하여금 애끓게 한다.

30년 동안 끌어 온 병은 물론 조국 상실증이다. 조국을 빼앗기고, 이제는 말과 이름까지도 빼앗기게 되었으니, 그의 말대로 "이런 세상에 하루를 더 사는 것은 하루의 수치를 더할 뿐"이었다. 그래서 괴롭게 누워 신음하면서 죽을 날만 기다릴 수 없어, 스스로 목숨을 끊었던 것이다.

을사보호조약이 강제로 체결되었을 때와 경술년 국치를 당했을 때에, 뜻있는 선비들이 많이 자결하였다. 이에 대하여 어떤 사람은, 왜놈 하나라도 죽이고 죽을 것이지, 왜 쓸데없이 자결하느냐고 비판하기도 한다. 그러나 사람이 세상에 태어날 때는 자기 나름대로의 몫이 있다. 무인으로 태어나 군인의 길을 가는 사람은 조국이 어려움에 처했을 때 칼을 뽑아 들고 조국을 지키기 위해 나서야 한다. 그러나 문인으로 태어나 선비의 길을 가는 사람은 지조를 지키며 남에게 본을 보인 것만으로도 몫을 다한 것이다. 군인으로 녹을 받았으면서도 정작 나라가 어려움에 처했을 때 자기 몫을 못한 자나, 관리로 녹을 받았으면서도 친일파가 되어 나라를 팔아먹은 자들은 비난받아 마땅하다.

동구도 이러한 비난을 의식하였다. 그래서 "나의 처사를 군자가 듣게 된다면 경망하다고 여길지 모르겠지만, 나름대로 택한 바 의리가 있어서" 자결했던 것이다. 의병장 유인석이 독립운동의 세 가지 방법으로 총을 들고 싸우는 것, 망명, 자결 등을 말했는데, 만주 땅에서 조국의 독립을 위해 청춘을 다 바친 그는 이 가운데 자결 방법을 선택했다. 이미 67세나 된 노인이 식민전쟁 상황에서 더이상 무슨 행동을 할 수 있겠는가. 다만 스스로 목숨을 끊어 자기 몸을 깨끗하게 지키고, 후손과 겨레 앞에 의리를 밝힌 것이다.

그가 "평생 수치스런 일이 많았다"고 한 것은 스스로 수치스런 일이 없도록 애쓰며 살았음을 뜻한다. 윤동주의 〈서시〉에서처럼 하늘을 우러러 한 점 부끄러움이 없기를 다짐하며 산 것이다. 그는 윤동주가 잎새에 이는 바람에도 괴로워했던 것처럼, 죽음을 앞두고 자기 관에다 "치재 恥齋"라고 쓰게 하였다. 그에게 만약 부끄러움이 있다면, 조국의 광복을 보지 못하고 세상을 떠나는 것뿐이었을 것이다.

그는 죽음을 앞두고도 집안일을 하나하나 부탁하였다. 조국이 광복되면 아버지 석주의 시신을 이장하는 일, 효성스런 며느리(도증의 어머니)를 존중해 줄 것, 대를 이을 손자 도증의 학업을 이룰 것 등을 부탁한 것이다. 그의 유언대로 아들 대용은 부고를 널리 알리지 않았지만, 일제의 감시에도 불구하고 조문객들이 끊이지 않았다. 현재 남아 있는 만장만도 40여 수, 제문이 72수나 된다.

그가 자결한 지 3년 뒤에 조국은 광복되었다. 동주가 조국에 돌아와 정리한 석주의 유고는 1973년에 간행되었으며, 임청각 서재를 정리하다가 발견된 동구의 유고는 1996년에 간행되었다. 독립운동가 허위의 손녀로 동구에게 효성이 지극했던 며느리 허은도 독립운동가의 손녀이자 며느리로, 또한 아내로 겪었던 이야기들을 모아서 《아직도 내 귀엔 서간도 바람소리가》라는 회고록을 간행하였다.

조상 대대로 물려받은 재산을 다 팔아 가지고 만주로 가서 독립운동을 한 석주와 동구의 일가족은 일제 치하 36년을 거치면서 풍비박산이 되었다. 그러나 조국이 광복되자, 나라를 위해 바쳤던 목숨이 헛되지 않았다. 이상룡·상동·봉희 3형제가 각기 건국훈장 독립장·애족장·독립장을, 그들의 아들들인 준형·형국·운형·광민이 각기 애국장·애족장·독립장을, 준형의 아들인 병화가 독립장을 받았으며, 석주의 오촌인 이승화도 애족장을 받았다. 한 집안 아홉 사람이 모두 독립운동에 몸을 바쳐 건국훈장을 받고, 대전 국립묘지 애국지사묘역에 안장되었으니, 역사상 유례가 없는 일이다. 조국이 독립된 뒤에 조국 땅에 묻어 달라던 석주의 유언대로, 조국 독립에 목숨을 바쳤던 온 집안이 국립묘지에서 만나게 된 것이다.

이 아비보다 나은 사람이 되게 하소서

안창호

도산 안창호(1878~1938)는 1878년 11월 9일 평안남도 강서군 초리면 칠리 봉상도(도롱섬)에서 안흥국과 황씨의 셋째 아들로 태어났다. 8세부터 목동일을 하며 서당에서 한문을 배운 그는 16세에 청일전쟁이 일어나자 신학문을 배우기 위해 무작정 서울로 올라와 장로교회에 입교한 뒤에 새문안교회에 있던 구세학당(뒷날 경신학교로 바뀜)에 입학했다.

도산은 이 학교를 마친 뒤에 조교로 남아서 봉사했는데, 19세 되던 해에 할아버지의 명에 따라 고향에 돌아와 13세 된 이혜련과 약혼하였다. 완고한 할아버지가 그의 의견은 들어 보지도 않고 동네 훈장 이석관의 딸 이혜련과 이미 약혼을 해 놓았던 것이다. 이석관은 그가 어린 시절에 다녔던 글방 선생이었으니 잘 아는 사이인 데다. 고향에서는 이름이 알려진 선비이기도 했다. 이석관은 어린 시절부터 도산을 눈여겨보아 일찍이 사윗감으로 찍어 놓고, 자기 집으로 자주 불러들여 놀게 했다. 그래서 도산은 자기보다 6세나 어린 소녀 이혜련과 철없이 뛰어놀기도 했었다. 그런 사이였으므로 도산의 할아버지는 이석관의 제의를 받아들여, 손자의 뜻과는 관계없이 이혜련을 손자며느리로 맞아들일 생각이었다.

그러나 도산은 할아버지의 뜻을 거역해서라도 파혼하려고 하였다. 그는 구세학당에서 공부하는 동안 결혼이 두 인격체의 자유로운 의사에 따라 결정되어야 한다고 배웠으므로, 마음에도 없는 약혼을 파기하려고 한 것이다. 그러나 어른들의 결정을 그런 이유만으로 거역할 수 없어, 이석관을 찾아가 종교가 다르다는 이유로 파혼하자고 요청했다. 그러자 이석관의 일가족은 도산을 사위로 맞아들이기 위해 기독교를 믿기로 하고 평양 등개터에 있는 예배당에 나가서 온 가족이 입교했다. 도산은 또 다른 이유를 들고 나왔다.

"나는 서울에 가서 공부했고, 앞으로 더 공부하기 위해서 외국에 나가 볼 작정입니다. 그런데 선생님의 따님은 신식 교육을 받지 못한 여성입니다. 그러니 어떻게 뜻이 잘 맞는 가정을 이룰 수 있겠습니까. 그렇다고 저희 집 살림이 넉넉해서 댁의 따님을 교육시킬 형편도 되지 못합니다. 신교육을 받은 사람은 받은 사람끼리, 못받은 사람은 못 받은 사람끼리 결합하는 것이 당사자들을 위해서 걸맞는 가정을 꾸릴 수 있다고 생각합니다."

그러자 이석관은 이처럼 훌륭한 사위감을 놓치지 않으려고 자기 딸을 교육시키겠다고 약속하였다. 결국 이석관의 집에서 학비를 대고, 도산이 맡아서 가르친 뒤에 결혼하기로 하였다. 도산은 약혼녀와 함께 평양 만경대에서 배를 타고 서울로 다시 돌아왔다. 아내가 되기 전에, 혼자서도 자기 앞가림을 할 수 있도록 가르치기로 한 것이다. 남자든 여자든, 그런 힘이 있어야만 가정과 나라와 겨레를 지킬 수 있다고 생각했기 때문이다.

도산은 이 산골 처녀를 서울로 데려와 정신여학교에 입학시켰으며, 뒷날 미국에서도 학교에 보냈다. 대부분의 동경 유학생들이 시골에 조혼한 아내가 있음에도 불구하고 신여성과 연애하거나 다시 결혼했지만, 그는 남녀평등의 정신에 따라 아내를 존경하고 사랑했으며, 뒷날 사회활동에 나서도록 격려하고 도와 주었다.

좋은 사람이 됨에는 진실하고 깨끗한 것이 첫째이다

맏아들 필립은 도산이 27세 되던 1905년에 태어났는데, 조국 조선은 이 해에 을사보호조약을 맺어 외교권을 일본에 빼앗기고 주권을 잃었다. 그는 이때 미국 샌프란시스코에서 〈공립신보〉를 발행하며 교포들의 애국정신을 고취시키고 있었다.

1919년 3월 1일 서울에서 독립선언서가 발표되고 온 민족이 대한독립만세를 부르며 독립운동에 나서자, 도산도 중국 상해로 달려가 임시정부 조직에 앞장섰다. 그는 임시정부 내무총장에 취임했다가 곧 이어 국무총리 대리에 취임했으며, 내각이 개편되자 노동국 총판으로 취임하였다. 그리고 그 이듬해에 미국 의원들이 동양시찰단을 조직해 중국을 방문하자, 영어를 잘하던 그가 임시정부 대표로 선출되었다. 그는 처음에 그들을 만나려고 홍콩까지 찾아갔는데, 일정이 바뀌어 만나지는 못했다. 도산은 홍콩에 있는 동안, 미국에 있는 맏아들 필립에게 다음과 같은 편지를 썼다.

나의 사랑하는 아들 필립.

어머님의 편지를 본즉, 네가 넘어져 팔을 다쳤다 하니
매우 놀랍고 걱정이 된다. 네 팔이 낫는 대로 곧 내게
알려 다오. 네가 소학교에서 중학교 1반을 마친 것을
기뻐한다.

나는 평안하다. 그리고 이번 미국에서 동양으로 놀러
나온 미국 상원의원과 하원의원을 만나려고 홍콩에
왔다가, 그들이 이곳에 오지 않아 만나지 못하였다. 나는
곧 상해로 돌아가겠다.

내 아들 필립아.

전에도 말했지만, 너는 나이가 점점 들어 키가 자라고
몸이 굵어지니, 전날 나이가 어리고 몸이 작을 때보다
스스로 좋은 사람 되기에 힘쓸 줄 안다. 내 눈으로 네가
스스로 좋은 사람이 되려고 힘쓰는 모습을 매우
보고 싶다.

너는 근본 성품이 남을 속이지 않고, 거짓말을 아니 하고
진실하니, 이런 까닭에 다른 사람들보다 좋은 사람이
되기 쉬우리라고 생각한다.

좋은 사람이 됨에는 진실하고 깨끗한 것이 첫째이다.
너는 스스로 부지런하고 어려운 것을 잘 견디는 것을
연습하여라. 너는 책을 부지런히 보느냐? 쉬지 말고
보아라. 그러나 아무 책이나 마구 보지 말고, 특별히 좋은
책을 택하여 보아라.

좋은 사람 되는 법은 좋은 친구를 잘 가리어 사귀며, 좋은

책을 잘 가리어 보는 두 가지가 매우 요긴하다.

두 종류의 책을 택하여라. 첫째는 좋은 사람들의 사적과
인격을 수양하는 데 관한 책이 좋은 책이요, 둘째는 네가
목적하고 배우고 지식을 얻는 데 관한 책이다. 이 두 가지
내용을 기준으로 하여 책을 보고, 한국 글과 책을 잘
익혀라. 내가 하는 말을 네가 즐거운 마음으로 따를 줄
믿는다.

네 아버지가

중국 홍콩에서

도산이 이 편지를 보낸 시점은 미국에서 중국으로 온 지 1년이
지난 뒤였다. 아버지가 독립운동에 전념하느라 집안일을 돌보지
못하는 동안, 아들 필립은 소학교를 졸업하고 중학생이 되었으며,
넘어져 팔을 다치기도 하였다. 한창 크는 나이라 키도 자라고 몸도
굵어졌다.

이 편지에는 아들을 믿는 아버지의 마음과 아들을 보고 싶어하
는 마음이 잘 그려져 있다. 그러는 가운데도 도산은 좋은 친구와
좋은 책을 권하며, 특히 미국에 살면서도 한국 책을 잘 읽도록 권
하였다. 이 편지는 아버지가 아들에게 보내는 편지이면서, 흥사단
단원에게 보내는 편지이기도 한데, 그 속에는 겨레의 독립운동가
이자 한 아이의 자상한 아버지였던 도산의 모습이 잘 나타나 있다.

이 편지를 읽고 격려받은 필립은 학교를 마친 뒤에 영화배우가
되었다. 그러나 처음부터 화려한 배우로 데뷔한 것은 아니었다. 집

안 살림이 어려워 대학에 진학할 수 없는 데다 마침 할리우드 가까운 곳에 살았으므로, 아르바이트로 할리우드 영화사에 나가 단역을 맡기 시작한 것이다. 고등학교를 마친 뒤에 일정한 직업 없이 이일 저일 손대다가 영화사에 엑스트라로 나가기 시작했는데, 평소에 예술적인 소질이 있었던 필립은 영화사에서 곧 인정을 받아 조금씩 대사를 맡기 시작하였다. 도산같이 훌륭한 애국지사의 맏아들이 영화사의 엑스트라나 하고 다닌다고 흉보는 교포들도 있었지만, 필립은 자기가 맡은 일을 성실히 했고, 교포들의 여론도 곧 가라앉았다. 그러자 도산이 필립을 불러 격려했다.

"네가 영화계에 나가는 것을 반대하지 않는다. 그 방면에 소질과 취미를 가지고 있는 것을 나는 잘 안다. 오직 진실한 사람이 되고, 최선을 다해서 잘하라는 것만이 이 아비의 부탁이다."

18세에 자기 앞길을 스스로 결정한 필립은 그 뒤 미국 영화와 텔레비전에서 비중 있는 인물로 성장하였다.

아름다움을 사랑하는 습관을 길러라

몇 년 동안 만주와 중국 일대를 돌아다니며 이상촌을 건설할 후보지를 물색하던 도산이 만주 길림성에서 적당한 땅을 찾아다니던 때에 미국에서 막내아들 필영이 태어났다. 그의 나이 48세 때였다. 그러나 몇 년 뒤인 1931년에 만주사변이 일어나자, 그는 조국과 가까운 만주 땅에다 이상촌을 건설할 계획을 포기하고, 중국 남경에 땅을 샀다. 이상촌 건설의 첫 삽을 뜬 것이다.

그런데 이듬해인 1932년 4월 29일에 윤봉길 의사가 상해 홍커우 공원에서 시리카와 대장을 폭살시키자, 이날 오후 도산도 배후인물로 지목되어 프랑스 경찰에 체포돼, 곧바로 일본경찰에 인도되었다. 도산은 6월 7일 인천으로 압송되어 재판을 받았는데, 징역 4년형을 언도받고 서대문형무소와 대전형무소에서 복역하였다. 감옥에서 새해를 맞던 날 아침에 그는 맏딸 수산에게 편지를 썼다.

> 나의 사랑하는 딸 수산.
> (네 형 맥결이 나를 위하여 애도 많이 쓰고 나에게 다니느라고
> 시간과 돈도 많이 썼다. 네가 편지로 고마운 뜻을 표하여라)
> 9월 5일 네가 보낸 편지를 반가이 받아서 자세히 읽어
> 보고, 몹시 기뻤다. 내가 너를 품에 안아 재워 주던 것이
> 어제 같은데, 지금 네가 대학생이요, 영 레이디가
> 되었구나. 수라의 토요 댄스를 보던 것이 어제 같은데
> 지금은 중학을 마치고 대학에 가게 되었으니, 참 세월이
> 빨리 달아난 것을 깨닫겠다.
> 나의 사랑하는 딸 수산, 수라야.
> 너희들이 공부를 잘하며 품행이 아름답고 어머님께
> 효성이 있고 동생들과 우애하여 항상 어머님을 기쁘게
> 하니, 내가 비록 옥중에 있을지라도 너희들을 생각하고
> 기쁨을 가진다.
> 네 오라버니 필립도 대학에 다니는 것을 좋게 생각하고,
> 필선이가 그처럼 공부에 힘쓰고 특별히 어머님을 항상
> 도와 드린다니 참으로 기쁘다. 필영이가 그같이 활발하게
> 장난을 잘한다니 매우 기쁘다. 다만 우리 집 언덕 위에는

어두워진 다음에는 다니지 말며, 연약한 나무에는 자주
오르지 말라고 하여라.

나는 별고 없고 지금까지는 하루에 한 번밖에 나가서
운동을 하지 못했는데, 얼마 전부터는 매일 오전과 오후
두 번씩 운동을 하니 매우 좋으며, 매 예배일에는 유성기
소리도 듣는다.

내가 옥에서 나갈 날은 후년 11월 18일이다.

너는 사범과를 택하였으니, 그 중에 가정에 관한 것을
특별히 주의하여 연구하기 바란다. 너는 대학을 마친
후에 조선에 나와서 일하여야 할 터인데, 조선에 개량할
것이 많지만, 그 중에서 가정생활의 개량이 매우
필요하다.

우리 집 앞 언덕길이 전과 같으냐? 혹은 고쳤느냐?
연못에는 연꽃이 남아 있느냐? 또 토란나무는? 너희들도
매우 바쁘겠지만, 뜰을 깨끗하게 거두고 화초를 잘
길러라. 이것도 아름다움을 사랑하는 좋은 습관을
양성하는 한 과정이다.

1월 1일

너의 아버지가.

만딸 수산은 안창호가 흥사단을 창립한 이듬해인 1914년 로스앤
젤레스에서 태어났으며, 둘째 딸 수라는 하와이에서 활동하던
1917년에 태어났다.

도산은 이상촌 건설자금을 구하러 1923년에 미국으로 갔다가 1926년에 다시 중국으로 돌아왔으니, 어린 딸들을 못 본 지 벌써 10년이나 지났다. 그 사이에 맏딸은 대학 졸업반이 되었고, 작은딸도 대학 신입생이 되었다. 그는 감옥에 있으면서도 자신의 한 몸보다 어린 딸들의 안부가 그리워 편지를 썼던 것이다.

  이 편지에는 10년 동안 몰라보게 컸을 딸들의 모습을 그리워하는 아버지의 모습도 보이고, 개구쟁이 막내아들을 보고 싶어하는 아버지의 모습도 보인다. 도산은 막내아들이 태어나던 해에 다시 중국으로 돌아와 한 번도 미국 땅을 밟지 못했으니, 막내아들의 얼굴도 몰랐던 셈이다. 그는 막내아들의 개구쟁이 짓을 말린 것이 아니라, 활발하게 장난치는 것을 기뻐하였다. 다만 어두워진 다음에 다니지 말고, 약한 나무에는 자주 올라가지 말라고 걱정했을 뿐이다.

  도산은 감옥에 있으면서도, 우리나라가 해방될 날을 기다리고 준비하였다. 그래서 미국에 있는 딸이 대학에서 가정학을 배운 다음, 조국에 돌아와 뒤떨어진 조선의 가정생활을 개량해 주길 바랐다. 그러면서도 예전에 딸들과 함께 거닐던 언덕길이나 연못의 연꽃에 대하여 물어 보고, 뜰을 깨끗하게 치워 주길 바라는 글에서 자상한 아버지의 모습을 엿볼 수 있다. 아버지와 멀리 떨어져 외롭게 자라는 딸들이 아름다움을 사랑하는 여인으로 곱게 자라길 바란 것이다. 감옥에 갇혀 병들어 가면서도 이역 만리에 떨어져 사는 딸들이 곱게 자라길 당부하였던 도산은 병이 도져서 한 달 뒤에 가출옥했지만, 2년 뒤에 다시 체포되었다가 끝내 간경화증으로 세상을 떠났다.

맏딸 수산은 스스로 일해서 학비를 벌어 가며 샌디에이고 주립 대학을 마쳤다. 이미 아버지 도산이 독립운동을 하다가 감옥에서 세상을 떠난 뒤였지만, 아버지의 도움을 받지 못한 것에 대하여 한 번도 원망한 적은 없었다. 자녀들이 아버지를 그리워하며 찾을 때 마다 가정부 일을 하면서 어렵게 살림을 꾸려 간 어머니 이혜련이 늘 "아버지는 너희들만의 아버지가 아니라, 나라의 아버지다"라고 타일렀기 때문이다.

수산은 아버지의 가르침대로 조국을 위해 일하기로 했지만, 이미 조국으로 돌아가서 여성 지도자가 될 상황은 아니었다. 일본이 미국 하와이섬의 진주만 해군기지를 공격하면서 태평양전쟁이 시작되었기 때문이었다. 그래서 조국으로 돌아가지 못한 수산은 일본과 싸우기 위해 미국 해군에 자원 입대하여, 한국인으로는 처음으로 미국 해군의 장교로 활약하였다.

수산은 광복된 조국 한국에 여러 차례 찾아왔다. '도산 안창호 선생 기념사업회'에서 1998년에 도산 탄생 120주년을 맞아 묘역이 있는 서울 도산공원에 도산 안창호 기념관을 개관하게 되자, 83세의 몸으로 한국을 다시 찾아왔다. 초기 흥사단 단원들의 사진첩과 도산이 직접 작곡한 초기 흥사단 단가·악보 등을 아버지의 유물로 고이 간직해 왔는데, 기념관에 전시하기 위하여 가져온 것이다. 수산의 맏아들 필립도 최근 인터넷 홈페이지(www.philipahn.com)를 만들어, 외할아버지의 생애와 철학을 소개하고 있다. 도산의 아들 딸만이 아니라, 손자들까지도 도산의 가르침을 잘 받드는 흥사단 단원으로 살고 있는 것이다. 독립운동의 바쁜 와중에도 자녀들에게 편지를 써 보내며 잘 자라도록 타일렀던 도산의 가르침은 오래 오래 살아서 열매를 맺고 있다.

이 아비보다 나은 사람이 되게 하소서

도산은 아이들과 함께 살았던 기간이 별로 없었다. 도산이 토목
공사 노동자나 미국인 가정의 청소부로 일하면서 교포 사회의 지
도자로 활동하는 동안, 집안 살림은 아내가 삯바느질이나 세탁 품
팔이로 연명하였다. 그런 와중에도 도산은 틈틈이 만나는 아이들
에게 자상하였다. 아들 필립에게 장난감도 사 주고, 흥사단 사무실
에 놀러 온 딸 수산을 무릎에 앉히고 이야기를 들려주기도 했다.
그러면서도 교육은 항상 엄했다.

"앉을 때는 똑바로 앉아라. 거짓말은 절대로 하지 말아라. 근면
해라. 절약해라. 옷은 깨끗이 입어라."

도산의 아이들은 이런 말을 많이 들으며 자랐다. 교포 사회에서
아버지가 연설하던 이야기, 흥사단 단원들에게 연설하던 이야기를
늘 들으며, 그들도 흥사단 단원처럼 자라게 되었다. 이러한 생활은
도산 자신이 가장 먼저 실천하였다.

한번은 도산이 열여덟 살 난 아들 필립에게 몹시 화를 내면서 회
초리로 때린 일이 있었다. 집에 놀러 왔던 친구에게 자전거를 태워
주느라고 밖에 나갔다가, 아버지와 약속한 시간보다 늦게 돌아왔
기 때문이었다. 도산이 늦게 돌아온 필립을 꾸짖으며, "네가 잘했
느냐?"고 물었다. 그러자 필립은 친구와 놀다가 늦어지자, 친구의
아버지가 이왕 늦어진 김에 좀더 기다렸다가 마차를 타고 돌아가
라고 해서 늦었다며 변명하였다.

"그래서 늦어진 것이지, 제게 다른 잘못은 없습니다."

그러나 도산은 그런 핑계를 받아들이지 않았다.

"한 번 약속한 것은 무슨 일이 있더라도 지켜야 하는 법이라고 늘 말해 왔다. 그래도 잘했다고 생각하느냐?"

도산은 아들의 핑계가 정직하지 못하다고 생각했기에, 화를 내면서 회초리를 들었던 것이다. 그러나 도산은 어린 시절부터 어른들이 아이들을 노리개 삼아 때리는 것에 대해서는 문제의식을 느꼈다. 그는 뒷날 〈무정한 사회와 유정한 사회〉라는 연설에서 자신의 체험을 이렇게 말하였다.

> 여러분의 유년시대 일을 회고하여 보시오. 사람과 사람
> 사이에 서로 사랑하는 정이 생김은 당연하거늘, 우리
> 사회에서는 부모와 자녀, 형과 아우 사이에 아무 정의가
> 없습니다.
> 어른들은 어린아이를 대할 때 한 개의 장난감으로
> 여깁니다. 그리하여 그 울고 웃는 꼴을 보기 위하여
> 울려도 보고 웃겨도 봅니다. 또 '호랑이 온다'거나
> '귀신이 온다'고 하여 아이들을 놀라게도 합니다. 또
> 집안에 계신 조부모나 부모는 호령과 매질하기를
> 일삼아서 아이들은 한때도 기를 펴지 못합니다. 아이들은
> 조부나 부친 앞에 있어서는 매맞을 생각에 떨고
> 있습니다.
> 나는 어렸을 때에 산에 가 놀기를 좋아하였는데, 종일
> 놀다가도 돌아올 때는 매맞을 생각에 떨면서
> 돌아왔습니다. 그러다가 걸핏하면 잘못하였다고

내쫓습니다. 제 집에서 쫓겨나 울면서 빙빙 돌아다니는
꼴은 참으로 기가 막혀 볼 수 없습니다. 이같이 하여
강보에서부터 공포심만 가득한 생활을 하던 아이가
가정의 옥(獄)을 벗어나서 학교에 가면 학교 훈장이란
이가 또한 호랑이 노릇을 합니다. 아이가 학교에 가고
싶어서 가는 것이 아니요, 부모가 가라니까 마지못해서
가는 것이외다.

  도산은 가족들과 함께 있는 시간이 적었기에, 직접 회초리를 들
시간은 별로 없었다. 그를 오랫동안 모시고 다녔던 장이욱이 쓴
《도산 안창호》에 의하면, 그는 가족들과 13년만 함께 살았다고 한
다. 그래서 가족들과는 주로 편지를 통해서 사랑을 나눴는데, 아이
들에 대한 가정교육도 편지를 통해서 이뤄졌다. 상해에 있으면서
필립에게 보낸 편지가 앞에 소개되었는데, 그 이듬해에는 아내에
게 이런 편지를 보냈다.

지금은 아이들을 교육함에 가장 중요한 시기인데, 나는
집에 있지도 못하고 당신에게만 맡겼으니 미안하오.
그것들이 앞날에 잘못되면 그 허물이 그것들한테 있지
않고 나에게 큰 책망이 있겠나이다……. 당신의 정중하고
다정한 교훈과 몸소 소행하는 모범으로 잘 인도하여,
그것들이 다 성실하고 깨끗하고 부지런하고 규모를
좋아하게 하고, 더욱이 다른 사람에게 동정하고 사회를

사랑하여 돕는 습관을 길러 주소서. 나는 자식 기르는
도리가 중함을 알고, 그 도를 바로 실행하기가 어려운
줄을 압니다. 당신은 정성을 다하고, 힘을 다하여
그것들로 하여금 이 아비보다 나은 사람이 되게 하소서.

아이들과는 13년밖에 같이 못 살았지만 이런 마음으로 편지를
써 보내며 살았기에, 도산의 아들 딸들은 아버지가 늘 같이 있는
것처럼 사랑을 느끼며 올바르게 자랄 수 있었다. 아들에게는 남자
답게 자라고, 딸에게는 여자답게 자라도록, 그는 독립운동의 바쁜
와중에도 사랑과 격려의 편지를 아끼지 않았다.

너희더러 나를 본받으라는 뜻은 아니다

김구

백범(白凡) 김구(金九 : 1876~1949)는 상해 임시정부에서 국무령으로 취임하여 독립운동을 하면서, 멀리 조선에 떨어져 있는 두 아들 인과 신에게 자신이 살아 온 반평생의 경력을 알리기 위하여 《백범일지 白凡逸志》를 기록하였다. 이 책에 실린 모든 내용이 두 아들에게 들려주는 이야기지만, 특히 머리말은 "인 · 신 두 어린 아들에게"로 시작되는 편지이다. 이 편지는 또한 조선의 모든 젊은이들에게 이 책을 읽어 보라고 권하는 편지이기도 하다.

인(仁) · 신(信) 두 어린 아들에게.
아비는 이제 너희가 있는 고향에서 수륙 오천 리를 떠난
먼 나라에서 이 글을 쓰고 있다. 어린 너희를 앞에 놓고
말하여 들릴 수 없으므로, 그 동안 나의 지난 일을 대략

기록하여서 몇몇 동지에게 남겨, 장래 너희가 자라서
아비의 경력을 알고 싶어할 때가 되거든 너희에게 보여
주라고 부탁하였다. 너희가 아직 나이 어리기 때문에
직접 말하지 못하는 것이 유감이지만, 어디 세상사가
뜻과 같이 되느냐?

내 나이는 벌서 쉰셋이지만 너희는 이제 겨우 열 살과
일곱 살밖에 안 되었으니, 너희의 나이와 지식이 자랐을
때에는 내 정신과 기력이 벌써 쇠해졌을 것이다. 그뿐
아니라 이 몸은 이미 원수 왜(倭)에게 선전포고를 내리고
지금 사선(死線)에 서 있으니, 내 목숨을 어찌 믿어
너희가 자라서 면대(面對)하여 말할 수 있을 날을
기다리겠느냐? 이렇기 때문에 지금 이 글을 써 두려는
것이다.

내가 내 경력을 기록하여 너희에게 남기는 것은 결코
너희더러 나를 본받으라는 뜻은 아니다. 내가 진심으로
바라는 바는 너희도 대한민국의 한 국민이니, 동서와
고금의 허다한 위인 중에서 가장 숭배할 만한 이를
택하여 스승으로 섬기라는 것이다. 너희가 자라더라도
아비의 경력을 알 길이 없겠기로, 내가 이 글을
쓰는 것이다.

다만 유감되는 것은 이 책에 적는 것이 모두 오랜
일이므로 잊어버린 것이 많은 것은 사실이나, 하나도
보태거나 지어 넣은 것이 없는 것도 사실이니, 믿어
주기를 바란다.

대한민국 11년 5월 3일
중국 상해에서 아비.

백범은 아들들에게 자신을 본받으라는 것이 아니라 동서고금의 허다한 위인 가운데 숭배할 만한 이를 택하여 스승으로 섬기라고 하였다. 그러나 이들은 수많은 위인들 가운데 아무런 벼슬도 없이, 글자 그대로 백범(白凡)이었던 아버지를 스승으로 본받았다. 도산 안창호의 자녀들이 아버지를 스승으로 본받았던 것과 마찬가지로, 아버지의 말과 행실이 언제나 같았기 때문이다.

이때 편지를 받은 김신은 겨우 일곱 살이었는데, 뒷날 조국을 일본의 식민지로부터 되찾기 위하여 중국의 항공학교에 다니면서 비행술을 배워 항공장교가 되었다. 또한 그는 미국이 일본과 전쟁을 시작하자 미국의 항공장교가 되기도 하였다. 도산 안창호의 딸 수산이 미국에서 일본과 싸우기 위하여 미국 해군의 장교가 되었던 것처럼, 백범의 아들 김신은 중국에서 일본과 싸우기 위하여 항공장교가 되었던 것이다.

백범이 1929년 5월 상해에서 두 아들에게 자신의 반평생을 들려주는 이야기 형식으로 썼던 글은 뒷날 《백범일지》 상편이 되었으며, 1942년 중경에서 다시 시작한 글이 《백범일지》 하편이 되었다. 그런데 8·15 광복 뒤에 조국으로 귀국하여 1947년 《백범일지》를 간행하게 되자, 전체의 머리말이 다시 필요하게 되었다.

이때의 머리말은 이미 맏아들 인이 세상을 떠난 뒤에 쓴 글이므로, 상편의 머리말과는 다르다. 즉 아들에게 쓴 글이 아니라, 우리 민족 모두에게 보낸 편지가 된 것이다.

이 책은 내가 상해와 중경에 있을 때 써 놓은
《백범일지》를 한글 철자법에 준하여 국문으로 번역한
것이다. 끝에 본국에 돌아온 뒤의 일을 써 넣었다.
애초에 이 글을 쓸 생각을 한 것은 내가 상해에서
대한민국 임시정부의 주석이 되어서 내 몸에 죽음이 언제
닥칠지 모르는 위험한 일을 시작할 때에 당시 본국에
들어와 있던 어린 두 아들에게 내가 지낸 일을 알리자는
동기에서였다. 이렇게 유서 대신으로 쓴 것이 이 책의
상편이다.
그리고 하편은 윤봉길 의사 사건 이후에 중일전쟁의
결과로 우리 독립운동의 기지와 기회를 잃어 이 목숨을
던질 곳이 없이 살아 남아서 다시 오는 기회를 기다리게
되었으나, 그때에는 내 나이 칠십을 바라보아 앞날이
많지 아니하므로, 주로 미주와 하와이에 있는 동포를
염두에 두고 민족독립운동에 대한 나의 경륜과 소회를
고하려고 쓴 것이다. 이것 역시 유서라고 할 것이다.
나는 내가 살아서 고국에 돌아와 이 책을 출판할 것은
몽상도 아니하였다. 나는 완전한 우리의 독립국가가 선
뒤에 이것이 지나간 이야기로 동포들의 눈에 비춰지기를
원하였다. 그런데 행이라 할까 불행이라 할까. 아직
독립의 일은 이루지 못하고 내 죽지 못한 생명만이

남아서 고국에 돌아와 이 책을 동포 앞에 내놓게 되니,
실로 감개가 무량하다.

나를 사랑하는 몇 친구들이 이 책을 발행하는 것이
동포에게 다소의 이익을 드림이 있으리라 하기로, 나도
허락하였다. 이 책을 발행하기 위하여 국사원 안에
출판소를 두고 김지림 군과 삼종질 홍두가 편집과 예약
수리의 일을 하고 있는 바, 혹은 번역과 한글 철자법
수정으로, 혹은 비용과 용지의 마련으로, 혹은 인쇄로
여러 친구와 여러 기관에서 힘쓰고 수고한 데 대하여
고마운 뜻을 표하여 둔다.

끝에 붙인 〈나의 소원〉 1편은 내가 우리 민족에게 하고
싶은 말의 요령을 적은 것이다. 무릇 한 나라가 서서 한
민족이 국민생활을 하려면 반드시 기초가 되는 철학이
있어야 하는 것이니, 이것이 없으면 국민의 사상이
통일되지 못하여, 더러는 이 나라의 철학에 쏠리고,
더러는 저 민족의 철학에 끌려, 사상의 독립, 정신의
독립을 유지하지 못하고 남을 의뢰하고 저희끼리는
추태를 나타내는 것이다.

오늘날 우리의 현상으로 보면 더러는 로크의 철학을
믿으니 이는 워싱턴을 서울로 옮기는 자들이오, 또
더러는 마르크스 · 레닌 · 스탈린의 철학을 믿으니 이들은
모스크바를 우리의 서울로 삼자는 사람들이다. 워싱턴도
모스크바도 우리의 서울은 될 수 없는 것이요, 또
되어서는 안 되는 것이니, 만일 그것을 주장하는 자가

있다고 하면 그것은 예전 동경을 우리 서울로 하자는
자와 다름이 없을 것이다. 우리의 서울은 오직 우리의
서울이라야 한다. 우리는 우리의 철학을 찾고, 세우고,
주장하여야 한다. 이것을 깨닫는 날이 우리 동포가
진실로 독립정신을 가지는 날이요, 참으로 독립하는
날이다.

〈나의 소원〉은 이러한 동기, 이러한 의미에서 실린
것이다. 다시 말하면 내가 품은, 내가 믿는 우리
민족철학의 대강령을 적어 본 것이다. 그러므로 동포
여러분은 이 한 편을 주의하여 읽어 주셔서 저마다의
민족철학을 찾아 세우는 데 참고를 삼고 자극을 삼아
주시기를 바라는 바이다.

내가 이 책 상편을 쓸 때에 열 살 내외이던 내 두 아들
중에서 큰아들 인은 그 젊은 아내와 어린 딸 하나를
남기고 연전에 중경에서 죽고, 작은아들 신이가 스물여섯
살이 되어서 미국으로부터 돌아와 아직 홀몸으로 내 곁을
들고 있다. 그는 중국의 군인인 동시에 미국의
비행장교다. 그는 장차 우리나라의 군인이 될 날을
기다리고 있다.

이 책에 나오는 동지들 중에 대부분은 생존하여서 독립의
일에 헌신하고 있으나, 이미 세상을 떠난 이도 많다.
최광옥 · 안창호 · 양기탁 · 현익철 · 이동녕 · 차이석,
이들도 다 이제는 없다. 무릇 난 자는 다 죽는 것이니 할
수 없는 일이어니와, 개인이 나고 죽는 중에도 민족의

생명은 늘 있고 늘 젊은 것이다. 우리는 우리의 시체를
발등상을 삼아서 우리의 자손을 높이고, 우리의 시체로
거름을 삼아서 우리 문화의 꽃을 피우며 열매를 맺어야
한다. 나는 나보다 앞서 세상을 떠나간 동지들이 다 이
일을 하고 간 것을 만족하게 생각하고 감사하게
생각한다. 내 비록 늙었으나, 이 몸뚱이를 헛되이 썩히지
아니할 것이다.

나라는 내 나라요, 남들의 나라가 아니다. 독립은 내가
하는 것이지 따로 어떤 사람이 하는 것이 아니다. 우리
민족 삼천만이 저마다 이 이치를 깨달아 이대로 행한다면
우리나라가 독립이 아니 될 수도 없고, 또 좋은 나라 큰
나라로 이 나라를 보전하지 아니할 수도 없는 것이다.
나 김구가 평생에 생각하고 행한 일이 이것이다.

나는 내가 못난 줄을 잘 알았다. 그러나 아무리
못났더라도 국민의 하나, 민족의 하나라는 사실을
믿음으로 내가 할 수 있는 일을 쉬지 않고 하여 온
것이다. 이것이 내 생애요, 이 생애의 기록이 이 책이다.
그러므로 내가 이 책을 발행하기에 동의한 것은 내가
잘난 사람으로서가 아니라, 못난 한 사람이 민족의 한
분자로 살아간 기록으로서이다. 백범이라는 내 호가
이것을 의미한다. 내가 만일 민족독립운동에 조금이라도
공헌한 것이 있다고 하면, 그만한 것은 대한 사람이면,
하기만 하면 누구나 할 수 있는 것이다. 나는 우리 젊은
남자와 여자들 속에서 참으로 크고 훌륭한 애국자와

엄청나게 빛나는 일을 하는 큰 인물이 쏟아져 나오기를
믿거니와, 그와 동시에 그보다도 더 간절히 바라는 것은
저마다 이 나라를 제 나라로 알고 평생에 이 나라를
위하여 있는 힘을 다하게 되는 것이니, 나는 이러한 뜻을
가진 동포에게 이 '범인의 자서전'을 보내는 것이다.
단군기원 4280년 11월 15일 개천절날.

　백범이 겨레의 아들들에게 이 편지를 쓸 무렵, 우리나라는 광복
은 되었지만 참다운 독립은 이루지 못하고 있었다. 남쪽은 미국의
지배를 받고 있었으며, 북쪽은 소련의 지배를 받고 있었다. 백범은
그 까닭이 바로 우리의 힘으로 독립하지 못했기 때문이라고 생각
했다. 그것도 바깥의 강요에 의해서가 아니라, 민족 내부에서 미국
이나 소련의 지배를 받기 좋아하는 세력이 있기 때문이라고 생각
했다. 그래서 《백범일지》의 머리말 형식으로 겨레 앞에 이 편지를
쓴 것이다.
　우리 민족의 지도자들 중에는 36년 동안 민족 편에 서지 않고 일
본 편에 선 사람이 많다. 또한 독립운동을 이끈 지도자 가운데도
행동보다는 말을 앞세운 지도자가 많았다. 당시 민족 독립의 방법
을 이승만은 외교라고 생각했으며, 김구는 행동이라고 생각했다.
그래서 이승만은 미국에 대표부를 만들어 외교활동을 하였고, 김
구는 중국에서 임시정부를 이끌며 행동으로 맞서 싸웠다.
　이 편지에서도 밝힌 것처럼, 백범은 우리 민족의 독립은 누가 해
주는 것이 아니라 바로 우리의 힘으로 이루어야 한다고 생각했다.

그런데 조국이 광복된 후에도 미국이나 소련에 의지하려는 지도자들이 있었으므로, 백범은 그들을 친일파나 마찬가지라고 비판하였다. 옛날에 중국을 종주국으로 섬기던 사대주의가 친일파를 거쳐서 친미파와 친소파로 나타났다는 것이다.

현실 정치에 민감한 이승만은 남한 단독으로라도 투표를 하여 국가를 세우자고 주장했지만, 백범은 민족이 둘로 나뉘어서는 안 된다고 생각하였다. 그래서 미국이나 소련에 의지하지 않는 하나의 독립국가를 꿈꾸었으며, 그러한 주장을 관철시키기 위하여 1948년 4월에 삼팔선을 넘어 북한으로 들어갔다. 백범은 김일성을 비롯한 북한의 지도자들과 만나서 통일 국가를 세우기 위해 회담했는데, 이때 백범의 아들 김신도 아버지를 모시고 함께 북한에 다녀왔다. 그러나 이미 소련에 기운 북한측에서도 백범의 주장에 호응하지 않아, 남북은 결국 각각의 국가를 세우게 되었고, 50년 동안 분단이 고착되었다.

이 편지를 쓴 이듬해에 남한 단독으로 투표를 실시하여 정부가 수립된 뒤에도 백범은 계속 우리 민족의 통일국가를 주장하여, 이승만 정부에게는 눈엣가시와도 같은 존재가 되었다. 이들은 결국 안두희라는 청년 장교를 사주하여 백범을 암살하게 하였다. 백범은 광복된 조국 청사에서 수위 노릇을 해도 좋다고 했던 그의 말 그대로, 광복된 조국 정부에서 아무런 직위도 얻지 못했지만 길이 길이 민족의 지도자로 남게 되었다.

가슴을 펴고, 심호흡을 하고,
큰 호령을 하여 보아라

김상용

    월파(月坡) 김상용(金尙鎔:1902~1951)은 경기도 연천에서 지주의 아들로 태어나 어린 시절을 보내다가, 16세에 서울로 올라와 경성제일보통학교에 다녔다. 그러다 3학년 때 3·1운동이 일어나자 학생운동에 가담했으며, 이 때문에 학교에서 제적당했다. 그는 고향으로 돌아와 결혼한 뒤에, 이듬해 다시 서울로 올라와 보성고등보통학교 4학년으로 편입하였다. 이듬해에 일본 릿쿄대학(立教大學)에 입학하여 영문학을 전공했으며, 귀국한 뒤에는 이화여자전문학교 영문학 교수가 되었다.

    그는 평생 수많은 외국 문학작품과 평론을 번역해 소개했으며, 〈남으로 창을 내겠소〉 같은 시를 지어 이름을 날렸다. 그러나 고등학생 시절의 경력만 보아도 알 수 있듯이 불의를 보면 참지 못하는 성품이었으며, 자유로우면서도 올바르게 살려고 애썼다. 그의 이러한 생애는 1950년 2월에 간행된 산문집《무하선생 방랑기 無何先

生放浪記》만 보아도 잘 알 수 있다.

그는 책상 앞에 앉아서 연구만 하는 학자가 아니라, 틈만 나면 전국의 이름난 산들을 찾아 올라가는 등산가이자, 사냥을 즐기는 사냥꾼이기도 했다. 맏아들 경호(慶浩)가 태어나던 28세에 〈조선일보〉에 발표한 〈백운대를 찾아서〉를 비롯하여, 〈관동팔경 답파기(踏破記)〉, 〈조선의 산악미(山岳美)〉, 〈두만강반(豆滿江畔)의 일야(一夜)〉, 〈산악 山岳〉, 〈하이킹 예찬〉, 〈엽토만어 獵兎漫語〉 같은 산문들에 산사나이의 호쾌한 기상이 잘 나타나 있다.

당시에 많은 문인들이 그를 따라 등산길에 나섰는데, 그에게 끌려다니며 등산을 즐겼던 소설가 이태준은 《삼천리문학》 2호에서 산사나이 김상용의 모습을 이렇게 표현하였다.

"〈계절과 등산에 대하여〉, 〈가을은 등산의 시즌〉, 〈산악미에 대하여〉, 이러한 산악 제목 밑에 떡 버티고 나서는 것은 만장봉 밑에 밧줄을 둘러메고 서 있는 김상용, 그 주인공의 사진을 보는 것 같은 실감이 나는 것이다. 다행히 이 명실공히 조선의 '몽블랑의 왕자'에게도 월파라는, 영어로 성별을 말한다면 'She' 편에 속할 매우 부드러운 아호가 있다."

그는 산행을 하면서 자주 어린 아들에게 편지를 써서, 함께 오지 못한 아쉬움을 달래며 산 이야기를 들려주었다. 아들로 하여금 간접적으로 등산의 즐거움을 누리게 한 것이다.

호(浩)야!
지금 아비는 오대산 상원암이란 절에 들어, 조그만 등잔

아래서 네게 이 글을 쓴다. 상원암은 큰길에서 70리,
월정사라는 이 산 본사에서도 40여 리 떨어진 한적한
절이다. 주봉인 비로봉이 20리다. 한강, 그 중에서도
북한강의 수원인 자통수가 바로 이 절 근처에서 흐르니,
오늘 네가 먹은 수도물 중에 아비가 맛본 차고 찬
자통수가 섞여 흘렀으리라.

서울은 지금 퍽 더울 것이나 여기는 밤이 들자
초가을같이 선선해, 불 땐 방에서 담요를 덮고 잔다.
중들이 잠이 들어 사방이 고요한데, 때때로 부엉이 우는
소리가 들려, 심산(深山)의 밤이 더 깊어진다.

내일은 일찍이 비로봉을 넘어 인제 설악으로 갈
작정이다. 여지껏 황 선생님과 지도를 펴 놓고 앞으로 갈
노정을 의논하였다. 일부러 산등을 타고 가는 험로를
취하는 만치, 다소 모험도 있게 되었다. 모험이나 곤란이
없이 무슨 등산의 재미가 있겠느냐.

아침에 인왕산에 오르는 일과를 너는 잊지 않았을
것이다. 가슴을 펴고, 심호흡을 하고, 큰 호령을 하여
보아라. 그리고 "나는 자라, 튼튼하고, 남을 돕고, 정에
살고, 의에 죽을 수 있는 사람이 되겠다"는 맹세를 하여
보아라.

월파는 며칠씩 등산길에 나서면 친구들하고만 즐겁게 놀았던 것
이 아니라, 서울 집에 있는 아이들도 생각하였다. 오대산 상원암에

서 써 보낸 이 편지를 보면, 산속에서 차가운 샘물을 한 모금 마시면서도 집에 있는 아이들을 생각했음을 알 수 있다. 오대산에서 흐르기 시작해 서울까지 몇백 리를 흐르며 달리는 그 샘물은 아버지와 아들을 맺어 주는 사랑의 끈이다. 그런 아버지라면, 상원암에 고즈넉이 비치는 달을 보면서도 집에 있는 아이들을 생각했을 것이다.

그러나 아버지의 사랑은 그리움으로 끝나지 않는다. 비로봉을 넘어 설악산으로 가는 길을 개척하며, 일부러 산등을 타고 가는 험한 길을 추천하였다. 지금은 아버지 자신이 넘어가는 길이지만, 편지를 통해 아들 경호에게도 그 험한 길을 추천한 것이다. 모험이나 곤란이 없어서야 무슨 재미가 있겠느냐고.

그가 서울에 두고 온 아들은 날마다 인왕산에 올라 가슴을 펴고 심호흡을 한다. 어렸을 때에는 아버지를 따라다녔고, 이제 아버지가 오대산이나 설악산으로 등산길에 나서면 혼자서도 다닌다. 경호도 어른이 되면 혼자서 설악산에 오를 것이다. 아버지가 아들더러 산에 올라가라고 권하는 이유는 등산의 재미에 있는 것이 아니라, 튼튼하게 살면서 남을 돕고 정의롭게 죽는 것을 배우게 하기 위해서였다.

부모는 자식이 자기보다 잘나기를 바란다

김대중

공화당 군사독재 정권에 맞서서 오랫동안 투쟁하며 박해를 받았던 김대중은 1979년 5월 18일의 광주민주화운동에 연루되어, 1980년 9월 17일 군사재판에서 사형선고를 받았다. 그에게는 한 달에 한 번씩 가족들에게 편지를 쓸 수 있는 권리가 주어졌는데, 봉함엽서 한 장 분량이었다. 그는 가족들에게 할 말이 많았으므로, 이 지면을 아껴서 좁쌀 같은 글씨로 빽빽하게 편지를 썼다. 2백 자 원고지로 수십 장 분량이었다.

그는 아내와 아들, 그리고 며느리와 손자녀들에게 편지를 썼는데, 개인적인 안부를 넘어서 인간과 사회, 종교와 철학, 그리고 가족들이 자문을 구하는 모든 분야에 걸쳐 자신의 생각을 상세하게 써 보냈다. 이 편지들은 죽음을 눈앞에 둔 사형수의 신앙간증이기도 하였고, 가족들에게 훈계와 당부를 겸한 유언이기도 하였으며, 한편으로는 매달 주제를 바꿔서 쓴 한 편의 짧은 논문이기도 하였다.

김대중에게는 홍일·홍업·홍걸 세 아들이 있는데, 그는 이 가운데서도 고등학교 2학년에 재학중이던 막내아들 홍걸을 가장 애틋하게 여겼다. 사춘기인데다 대학 입학시험을 눈앞에 두고 있었으므로, 남달리 많은 갈등을 겪을 것이 염려되었기 때문이다.

사랑하는 홍걸아!
너의 11월 25일자 편지를 어제 받아 보았다. 아버지는
얼마나 기뻤고 위안을 받았는지 모른다. 우리 가족과
친척들이 아버지로 인하여 지금까지 겪은 여러가지
어려움을 생각하면 아버지는 언제나 가슴 아픈 심정을
금치 못한다. 그러나 그 중에서도 네가 겪은 시련은
특별한 것이었다.
국민학교 때는 아버지의 납치사건을 겪었고, 중학교
3년은 아버지가 감옥에 있는 것을 보아야 했고, 고등학교
2년 간은 아버지의 연금생활과 이번 사건을 겪어야 했다.
이런 일들이 어린 시절과 사춘기의 너에게 준 충격이
얼마나 컸을까 생각할 때, 아버지는 언제나 너에게 본의
아닌 못할 일을 한 것 같은 죄책감을 느껴 왔다. 그러나
너는 하느님에 대한 믿음 속에 그분의 도움으로 이러한
정신적 시련을 잘 극복해 오고 있는 일을 생각하니,
기쁘고 감사한 심정을 무어라 표현할 수가 없구나.
사랑하는 홍걸아!

아버지는 하느님이 나를 무한히 사랑하시며 언제나 나와
같이 계심을 믿는다. 아버지는 하느님이 사랑하시기
때문에 나를 지금의 자리에 서게 하신 것을 믿는다.
아버지는 하느님이 나를 위한 완전한 계획을 가지고
계심을 믿는다. 아버지는 하느님이 쉬지 않고 나를 위해
역사하심을 믿는다.
그리고 아버지는 모든 것이 하느님의 뜻대로 될 것이며,
나의 일생이 오직 하느님의 영광과 우리 국민의 행복을
위해 쓰여질 것을 믿는다.
그러므로 아버지는 이러한 여건 속에서도 하느님을
찬미하고 그분께 감사하고 마음으로부터 기뻐하는
생활을 하려고 나의 자유로운 의지의 결단으로 노력해
왔다. 처음에는 이러한 노력을 감정이 받아들이는 데
많은 어려움을 겪었다. 그러나 날이 갈수록 성령의
도움으로 마음의 평화를 되찾고 소망과 기쁨조차 느끼고
있다. 참으로 감사한 일이다. 더욱이 이번 일을 통하여
우리 가족과 형제들의 믿음이 더욱 두터워지고 새로이
믿음을 찾은 것을 듣고, 하느님의 사랑과 역사하심을
새삼 절감하고 있다.
사랑하는 홍걸아!
아버지는 누구도 원망하지 않고, 누구도 미워하지 않는다.
아버지가 이러한 마음의 변화를 갖게 된 것은 지난 3년의
감옥 생활 당시에 하느님의 가르침에 대한 많은 책을
읽고 예수님의 말씀과 행동을 묵상하여 내 것으로

받아들이는 가운데 내가 참으로 예수님의 제자가 되려면
그 길밖에 없다는 것을 확실히 깨달았기 때문이다.
뿐만 아니라 이 아버지가 일생 동안 저지른 죄와 잘못,
그리고 품었던 사악한 마음을 남은 몰라도 나만은 안다.
그러한 나의 죄를 스크린에 비추듯이 주님 앞에서
하나하나 열거해 갈 때, 과연 내가 누구를 심판하며
누구를 단죄할 수 있겠는가 하는 것을 뼈저리게
느끼는 것이다.
우리는 모두 죄인이기 때문에 원수조차 용서해야 한다.
용서는 하느님 앞에 가장 강한 사람만이 할 수 있으며,
용서는 모든 사람과의 평화와 화해의 길이기 때문에 기쁜
마음으로 이를 해야 한다. 예수님이 십자가에 못박히면서
자기를 처형한 사람들을 용서하신 것을 우리는 헛되이
해서는 안 된다. 용서를 위해서는 상대방의 입장에 한번
서서 이해해 보는 것이 아주 효과적인 방법일 수 있다.
나는 네가 일생 동안 남을 이해하고 용서하고 사랑하는
생활을 하려고 노력한다면, 반드시 너의 장래는
(물질적으로나 혹은 사회적 지위와 명성이 어떠한 처지에
있건) 결코 후회 없는 평화와 기쁨의 일생을 보낼 수
있으리라고 확신한다. 아버지는 이러한 일을 너무도 늦게
깨달은 것을 한스럽게 생각한다.
사랑하는 홍걸아!
항시 아버지가 말하지만, 너는 어렸을 때부터 참 남이
갖지 못한 장점이 있었다. 첫째는 거짓말하는 것을 본

일이 없다. 둘째는 남의 흉을 보거나 고자질하는 것을
들어 본 적이 없다. 셋째는 한 가지에 열중하면 누구도
따라갈 수 없는 끈기를 가지고 몇 년이고 이에 매달리는
데는 놀랄 수밖에 없었다. 처음에는 자동차, 그 다음에는
각종 무기, 또 그 다음에는 스포츠, 그리고 요즈음에는
아마 문학인 것 같다.

물론 너에게도 단점은 있다. 그 중 하나는 이웃에 대한
관심이 부족한 점이다. 그러나 이미 아버지가 지적한
너의 장점을 꾸준히 유지 발전시키면, 너는 반드시
행복과 성공을 얻을 것이다. 언제나 하느님과 이웃 앞에
겸손하고 적극적인 사고방식을 견지하면서 너의 인생의
목표를 향해 전진하기 바란다.

사랑하는 홍걸아!

전번 면회할 때 네가 대학에서 사회학이나 철학을
전공할까 한다는 말을 듣고, 아버지 생각을 몇 자 적는다.
그러나 지면상 충분히 설명할 수도 없을 뿐 아니라, 아래
쓴 것을 네가 지금 당장 이해할 필요도 없다. 다만 이
편지를 간직했다가 대학에서 공부할 때 다시 한 번
읽으면 참고가 될 것이다.

첫째, 사회학은 인간의 사회적 공동생활, 특히 인간관계
(인간의 사회적 행동, 사회집단의 행동, 인류사회 전체의
문제)를 연구하는 사회과학의 일 분야로서 19세기
불란서의 철학자인 콩트를 그 창시자로 본다. 내 개인의
생각으로는 우리 사회학의 연구 관심은 이 사회 속에서

인간 개개인의 전인적 행복을 보장하는 인간의 사회적
관계에 두어야 한다고 본다.

인간의 그러한 완전한 행복은 현재의 구미
선진국가에서와 같이 정치적 자유와 경제 · 사회적
보장만으로는 부족하고, 현대사회의 특징인 인간의 소외
현상이 적극 참여의 방향으로 전환되어야 하며, 인간
정신의 타락 현상에서 도덕의 부흥이 실현되어야 할
것이다. 자유 · 빵 · 참여 · 도덕은 전인적 행복을 이루는
4대 요소로서 앞으로 사회학의 집중적 주목을 받아야
하지 않는가 하는 것이 나의 생각이다.

둘째로, 철학은 독일의 빈델반트(1848~1915,
서남도이치학파의 창시자)가 그의 일반철학사에서 말한
대로 그 개념이 시대와 학자에 따라서 대단한 차이가
있다. 그러나 요약해서 말하면 철학이란 존재와
가치(철학의 대상 범위)에 관한 궁극원리(철학의 목표)를
찾으려는 것으로 모든 과학의 성과를 분석하고 통일(목표
도달의 방법)하는 데서 성립되는 학문이라 한다.

철학은 형이상학(形而上學)과 인식론(認識論)으로 대상
범위를 양분한다. 형이상학은 다시 본체론과 우주론으로
나뉘는데, 전자는 우주와 신과 인간의 본체가 무엇인가
하는 것이고, 후자는 그것이 어떻게 변화되고 형성되느냐
하는 현상의 문제를 다룬다. 본체론은 본체에 대한 양적
고찰, 질적 고찰, 존재론, 이 세 가지로 나뉘어서
고찰한다. 그런데 철학사적으로 양적 고찰에서는

단원론과 다원론의 대립, 질적 고찰에서는 유물론과
유심론의 대립, 존재론에서는 우주의 존재로부터 인간
존재로의 하향적 견해와, 실존주의같이 인간 존재의
해명에 중점을 둔 상향적 존재론의 대립이 있다.
본체론 다음의 우주론은 만물의 생성과 변화는 원인과
결과의 관계라는 인과론과, 어떤 절대자의 목적에
의한다는 목적론의 대립이 있다.
이상이 형이상학에 관한 설명이고, 다음의 인식론에는 세
가지 분야가 있는데, 여기에서도 역시 견해의 대립이
계속되어 왔다.
첫째, 인식의 형식과 내용에 있어서는 합리론과 경험론
등의 대립이 있고, 인식의 주관과 객관의 문제에
있어서는 실재론과 관념론의 대립이 있고, 인식의 진리와
오류에 있어서는 절대론과 상대론의 대립이 있다.
아버지는 철학에는 거의 문외한이지만 그 동안 약간 읽은
것과 나의 생애 동안 사색한 결과, 이러한 대립은 대체로
한 면의 진리로서 양자가 통일되어야 한다고 생각한다.
그러나 그 통일은 단순한 통일이 아니라 본체론은 진화와
향상의 창조적인 관점에서 통일해야 하고, 그 통일이
정적이고 기계적인 통일이 아니라 모순과 대립 속에 조화
발전하는 변증법적 통일이어야 한다고 본다. 굳이 이름을
붙인다면 "창조적이고 변증법적인 통일의 철학"이
장래에 나아갈 철학의 방향이 아닐까 생각한다.
이 점을 유의하면서 데이야르드 샤르댕 신부의 진화론적

신학을 참고하기 바란다.

이상과 같은 아버지의 생각이 장래 네가 철학을 깊이
연구할 때 너로부터 긍정적 평가를 받을지, 웃음을
자아내는 대상이 될지, 그것을 상상하면서 아버지는 이
글을 쓰고 있다. 참고로 이상의 설명을 도표로 그려 보면
아주 간명해진다.

부모는 자식이 잘 되기만 바라며, 자기보다 더욱
잘나기를 바란다. 너의 장래에 하느님의 축복이 있을
것이다.

1980년 12월 7일.

이 편지를 받은 홍걸은 당시 대학입시를 1년 앞두고 있는 입시
준비생이었지만, 아버지의 잇달은 수난과 투옥, 그리고 사형선고
를 보며 마음속에 갈등을 느끼고 있었다. 김대중은 그러한 아들에
게 흔들리지 말고 소신대로 대학 갈 준비를 할 것을 권하며, 그가
대학에서 공부하고 싶어하는 사회학과 철학에 관해 아는 대로 설
명해 주었다. 이 편지를 통해서 그가 감옥 안에서도 좌절하지 않고
꾸준히 독서하고 사색하였음을 알 수 있으며, 자식에게 아버지이
자 스승이었음을 느낄 수 있다.

내 자식아 잘 이겨 나가라!

이듬해 겨울에 홍걸은 어려서부터 가고 싶어했던 대학교에 소신
껏 지망해 합격하였다. 그러나 감옥 안에 있던 김대중은 홍걸의 합

격 소식을 미처 알지 못하고, 궁금함을 참지 못하여 편지를 보냈다.

홍걸이에게.

지금 너의 합격에 대한 확실한 것을 모르고 있으니,
축하를 해야 할지 어쩔지 어정쩡한 심정으로 이 글을
쓴다. 그러나 결과의 여하보다도 아버지는 두 가지 점에
있어서 너의 태도를 매우 기쁘게 생각한다.

하나는 네가 위험을 무릅쓰고 끝까지 소신을 관철한
점이다. 아버지도 면회 때 재수의 각오를 하더라도 자기
원하는 학교에 집착하도록 의견을 말한 일이 있지만,
그러나 막상 자기 일이면 경험이 부족한 네 나이에는
흔들리게 마련인데, 너의 어머니의 편지에 의하면 네가
초지일관 동요 없이 소신을 관철했다니 얼마나 장하냐!
그래서 설사 결과가 나빴더라도 전 인생으로 보면 소신
있게 살아가는 자만이 자기 인생을 자기 것으로 살아 낸
자인 것이다. 또 하나는 네가 지난 1년 좀더 노력 못한
것을 몹시 후회하고 앞으로의 새로운 결의를 피력했는데,
참으로 필요하고 올바른 반성이며, 그러한 결심을 계속
견지해 나가기 바란다. 아버지는 나로 인하여 네가
겪었던 고통이 너의 학업에 준 지장을 생각하면서
눈시울을 적시며 하느님의 도움을 청한 일이 한두 번이
아니다. 내 자식아! 잘 이겨 나가라!

1982년 1월 29일.

이 편지를 보면 아버지 때문에 남들처럼 입학시험 공부에 전념할 수 없었던 막내아들에 대한 미안함, 입학시험이 끝났는데도 감옥 안에서 아무것도 알 수 없는 안타까움, 흔들리지 않고 열심히 공부해 준 자식에 대한 고마움이 간절하게 나타나 있다. 혹시 떨어지더라도 최선을 다한 만큼 인생의 패배자가 아니라 오히려 도전자라는 격려도 보인다.

이 편지 뒤에는 세 아들에게 추천하는 책의 이름과, 자신이 감옥 안에서 읽어 보고 싶어한 책들의 목록이 덧붙여 있어, 그가 감옥 안에서 아들들에게 어떻게 독서지도를 하였는지 알 수 있다.

2장

사사로운 정으로 어버이를 섬기지 말아라

아비를 욕되지 않게 하라

조인규

고려시대 때 평양의 미천한 가문에서 태어난, 조인규(趙仁規: 1237~1308)는 '거진 去塵'이라는 그의 자(字)에 걸맞게 평생 티끌 하나 없이 깨끗하게 살았다.

고려 정부가 원나라의 정치적인 간섭을 받던 원종 때 몽고어 통역관 양성 요원으로 선발된 그는, 3년 동안 밤낮 없이 열심히 공부하여 뛰어난 몽고어 실력을 갖췄다. 그리하여 1269년 세자 심(諶: 뒷날의 충렬왕)이 원나라에 입조(入朝)할 때 수행원으로 따라갔다가 세자의 신임을 받았으며, 1274년에 세자가 즉위하자 충렬왕과 왕비(제국대장공주)의 측근이 되어, 대장군으로 승진했다가 승지가 되었다. 그는 여러 아들들에게 보내는 편지를 한 편의 시로 지었다.

여러 아들들에게.

임금을 섬기려면 충성을 다해야 하고

사물을 대하여선 정성을 다해야 하느니라.

너희들에게 바라노니 밤낮 부지런히 닦아

낳아 기른 아비를 욕되지 않게 하라.

〈시제자 示諸子〉

　　조인규는 5남 4녀를 두었는데, 여러 아들들에게 임금에게 충성하는 마음으로 사물을 대하는 것이 바로 정성이고 성실임을 강조했다. 그는 탁월한 몽고어 실력으로 원나라 세조에게도 신임을 받아, 30차례나 원나라에 사신으로 다녀왔으며, 고려가 원나라에 빼앗겼던 땅 동녕부(東寧府)를 되찾는 데도 공을 세웠다. 정치적인 지위가 높아지자 그의 딸이 세자비로 간택되었고, 사위인 충선왕이 즉위하자 그는 62세의 고령으로 시중(侍中)이 되어 개혁정책을 힘껏 뒷받침하여 주었다. 그러나 충선왕의 부인인 몽고인 왕비 계국대장공주가 조인규의 딸을 질투하여 충선왕이 7개월 만에 퇴위당하자, 그도 원나라로 끌려가서 69세까지 6년 동안이나 유배 생활을 하였다. 그는 유배 생활 동안에도 충선왕에게 충성을 다하여, 원나라 황제가 그를 판도첨의사사(종1품)에 임명하였다.

　　1307년 원나라 황제 무종을 옹립하는 데 공을 세워 충선왕이 다시 고려 임금으로 복위(復位)하자, 조인규는 평양군(平壤君)에 봉해지고 공신이 되었으며, 72세까지 장수하면서 복을 누렸다. 그의 가르침을 따른 여러 아들들도 모두 재상 지위에 올라, 그의 가문은 고려 후기 최대의 문벌로 성장했다.《고려사》열전 권18에 그의 전기와 함께 서(瑞)·련(璉)·덕유(德裕)·린(璘)·연수(延壽)·위(瑋)의 전기가 실려 있다.

네 효성을 다 보지 못하고 돌아간다

열부 이씨

　재령 이씨는 1686년에 선비 이대로(李臺老)의 딸로 태어나, 18세에 하응림(河應霖)에게 시집와서 늙은 시어머니와 남편을 잘 받들었다. 그러나 딸만 둘 낳아 아들 없는 것이 늘 한스러웠는데, 27세되던 해에 남편마저 세상을 떠났다. 남편이 세상을 떠나기 전에 병이 심해지자, 그녀는 목욕재계하고서 "제가 남편 대신 죽게 해 주십시오"라고 하늘에 빌었다. 또한 약도 못 먹는 남편의 입에다 손가락을 끊어 그 피를 넣어 주면서, "만약 당신이 불행하게 되면, 저도 마땅히 따라 죽어서 땅 속까지 함께 가겠습니다"라고 약속하였다. 그런데도 결국 남편이 죽자, 이씨는 혈서를 써 관 속에 넣으며 전날의 약속을 다시 다짐하였다. 여필종부(女必從夫)를 배웠던 그녀에게 남편의 죽음은 곧 하늘이 무너지는 아픔이었으며, 친정에서 배워 온 도리에 의하면 당연히 남편을 따라 목숨을 끊어야만 했다. 그러나 남편을 따라 죽어야 했던 이씨는 죽지 못하고 살아 남아 말 그대로 미망인(未亡人)이 되었다. 늙은 시어머니와 어린 두 딸이 있었기 때문이다.

이씨에게는 이들도 남편 못지않게 중요하였다. 그래서 시어머니가 세상을 떠날 때까지 정성껏 모시면서 자살을 미룬 이씨는, 3년상을 지내는 상주들처럼 죽을 때까지 한 번도 고기를 먹지 않았다. 평생 남편의 상을 입는 마음으로 살았던 것이다. 결국 이씨는 시어머니의 3년상을 치른 뒤에, 두 딸도 모두 시집보냈다. 그 후 이씨는 시댁에 못다 한 의무인 후손을 잇기 위해 양자를 들여 집안을 잇고 며느리까지 맞아들여 임신하는 것도 보았다. 이것으로서 시댁 하씨 집안에 대한 모든 의무가 끝났다. 며느리의 임신을 확인한 이씨는 1754년 10월 14일 아들 학호(學浩)에게 편지를 남기고 스스로 목숨을 끊었다. 남편이 세상을 떠났던 바로 그날이었다.

이 편지는 손가락을 끊어서 그 피로 썼으므로, 중간 중간에 핏자국이 번져 글자를 알아보기 힘든 곳이 있다.

네 머리 반백이 되었으니

몽아비 보아라.
내 집이 가난해서 (네가 양자로 들어온 뒤에) 백사에 네
가슴 태우던 일을 알고 있다. 네 머리 반백이 되었으니,
(너도 이제는) 내 가슴 아프고 넉넉치 못한 살림을 살면서
가슴 태우던 일을 알 것이다. 네가 내 자식 된 지가 몇 해
되었지만, 나의 초년 시절 일은 모를 것 같아서 대강
이른다.

슬프다. 네 부친 초상 때에 함께 죽기가 무엇이
어려웠으랴만. 팔십 노친 의지하실 데가 없고, 가장의
후사를 잇지 못한 데다 두 딸이 어리니, 차마 함께 죽을
수가 없었다. 그 뒤에 노친의 3년상을 지내고, 너를 양자
들인 데다 딸들도 다 시집보냈으니, (그때부터는) 벌써
죽어도 되었을 것이다(그러나 네 효성이 지극하여 죽을 수가
없었다).

지난해에 내 병이 위중하여 어쩔 방법이 없었는데,
손가락을 끊는 것도 극진하거든(병자에게 피를 마시게 하는
것도 훌륭한 일이거든), 똥을 맛보는 것은 더욱 훌륭한 일이
아니냐. 네 마음이 이러하니 내 차마 잠시 속이지 못하여,
내가 죽기를 아직까지도 미뤄 왔었다. 그런데 내 근력이
좋으니 아마도 남은 목숨이 길 것 같고, 병들어 죽을 것
같지도 않다. 그렇게 되면 (네 아버지와) 한날 죽기로 한
맹세는 고치기 어렵고, 지하에 가서도 가장(家長) 얼굴을
대할 면목이 없을 듯하여, 네 효성을 다 보지 못하고
돌아간다.

며느리가 태기 있는 듯하니 남녀간 보고 죽어야 할
것이로되, 내 마음이 일시 급하여 기다리기가 절박해
마지못해 죽는다.

설마 어이하랴만. 씨개 어미가 목에 걸려 죽을 것 같다.
그것이 아니 가련코 불쌍하냐. 내 죽은 뒤에는 더욱
의지할 곳이 없으니, 성어한 밭을 저 있는 동안에 저에게
주어 면화나 바꿔 입게 하고, 원 앞의 밭은 보리 하여 돈

한 냥 사서 몽혜 주어라. 문서는 내 외가 있으니 팔아서
본 값 주고 사거라.

급한 것은 (내 장사지낼) 염포를 장만치 못하였으니, 네가
걱정할 듯하다. 오십 상주 (미상) 되어 집상(執喪)할
것이니, 엄동에 장사지내기 쉽지 않을 것이다. 네가 병
없이 성하여야 장사할 것이니, (법도대로 장사지내겠다고)
고집하지 말고 몸조심하여 심상(心喪)을 극진히 지내면
종시 큰 효성이요 내 영혼도 편할 것이니, 장전
해소하여라.

내가 죽으면 씨개 어미는 어디 의지하랴. 몽혜는
부디부디 멀고 가난한 데 보내지 말라. 남서방 불쌍하고
동산 아이 의지 없으니, 네가 자주 다니며 보아라. 팔자
기박한 여자가 나밖에 의지할 곳이 없으니, 불쌍하구나.
며느리는 순산하여 생남하고 잘 살아라.

(네 아버지와) 한날 죽기를 맹세한 것이라 마지못하여
죽노라. 가이가이 없으며, 네 병날까 염려가
무궁무궁하다. 실 한 사리 하여 씨개 어미에게 맡겼으니,
네 옷 지을 때마다 이 실로 하여 입으라. 말이 측량없지만,
다 어찌하랴.

부디부디 잘들 지내거라.

편지를 쓴 날짜도, 이름도 밝혀져 있지 않지만, 핏자국이 선명한
이 편지를 받아 든 아들 학호는 죽을 때까지 어머니의 유언을 잘

받들었을 것이다. 27세 청춘에 미망인이 되어 늙은 시어머니와 어린 두 딸의 생계를 짊어진 그녀는 이 많은 식구들을 먹여 살리면서도 정작 자신은 죽을 준비를 해 왔던 것이다.

시어머니 봉양과 3년상, 두 딸의 혼인, 양자의 입적과 혼례까지 다 마치고 마지막 여필종부의 길을 가는 그 마음은, 눈에 보이는 핏빛 글자보다도 핏자국이 엉기고 번져서 읽을 수 없는 그 부분에 더 많이 감춰져 있을 것이다. 죽으면서도 그 동안 자기가 거둬 살렸던 불쌍한 여인들을 부탁하고, 또 추운 겨울에 장례를 치르느라 고생할 늙은 아들을 걱정하며, 법도대로 엄격하게 장사지내느라 병나지 말고 정성만 있으면 된다고 타일렀다. 지게 위에 실려 고려장을 지내러 가는 늙은 아버지가 혹시라도 아들이 집에 돌아가면서 길을 잃을까 걱정했던 그 마음으로 이 편지를 썼던 것이다. 죽음을 앞두고 쓰는 편지야말로 가장 솔직하고도 인간적인 편지가 아니겠는가.

이 소식이 나라에 알려지자, 정조 임금이 "시어머니에게 효성스러웠고, 남편에게는 열녀였으며, 자식들에게는 의로웠다"고 칭찬하였다. 그래서 정려(旌閭)를 세우게 하고, 예문관 직제학 정범조에게 〈정려기 旌閭記〉를 짓게 하였다. 따라서 아들 학호에게는 모든 의무가 면제되었다. 뒷날《열부이씨실록 烈婦李氏實錄》2권 1책이 간행되었다.

어미 그리운 정은 생각지도 말라

완산 이씨

좌의정 맹사성의 후손으로 승지 주서(胄瑞)의 아들인 맹만택(孟萬澤:1660~1710)은, 원래 현종의 딸인 명선공주와 약혼했었다. 그러나 만택이 13세 되던 해에 공주가 세상을 떠나 저절로 파혼되고 만택은 신안위(新安尉)에 봉해졌는데, 그 이듬해 사헌부의 건의로 이미 받았던 봉작이 회수되었다. 그리하여 완산 이씨와 결혼한 만택은 뒷날 황해도 관찰사와 충청도 관찰사를 지내며 선정을 베풀어 이름이 높았으며, 안진경체와 유공권체를 잘 써서 명필로도 이름이 났다.

완산 이씨는 맹만택이 황해 감사로 부임하면서 아들 숙주(叔周)를 데려가자, 서울 본가에서 시부모를 봉양하며 멀리 떨어져 있는 아들 숙주에게 자주 편지를 보내 글공부를 격려하거나 잘못을 타일렀다. 숙주가 13세 되던 해에 보낸 이씨의 한글 편지가 신창 맹씨 집안에 전한다.

너를 떠나 보내니 모자가 처음으로 멀리 떠난 셈이라
서로 못 잊는 정은 말해서 알 일이 아니라 쓰지 않거니와,
너는 내 독자인데다가 또 기름[育]이 가난한 사대부
집안과 달라 좋이 자랐기로 세태를 알지 못하여,
양반에게 글이 귀하며 예의와 염치가 소중한 줄을 오히려
네 알지 못할 것이라. 그런데 벌써 나이 13세가 되어
혼취(婚娶) 성인(成人)이 머지 않았으니, 어미 그리운
정은 생각지도 말라.

스승이란 하루를 수학하여도 종신토록 공경해야 하는
법이니, 극진히 공경하고 조심하며 버릇없이 상스런 말을
하여 서운한 마음을 먹지 않게 할 것이며, 착실히 배워서
선비의 도를 잃지 않음이 자식으로서의 효도이니, 네
용백고(龍伯高)와 두계량(杜季良)을 잘 알고 있을 것이다.
집에서 내게 의지하던 버릇을 버리고, 부드럽고 점잖으며
말씀과 걸음을 천천히 하여, 부디 네 급한 성품을
가다듬어 고치기를 바라노라.

앓는다고 하니 어디를 어떻게 앓는가 일념(一念)이
놓이지 않노라. 내년 이때에 우리 모자가 좋이좋이 만나
보기를 기다리노라. 행여 네 술 먹으리라 생각지도 말고,
음식을 식성에 맞도록 하여 주는지 궁금하도다. 잡것들을
불러 음식을 허비하지 않도록 하여라.

내 병이 달포 이러하고 네 유모가 지금 일을 못 하여 너의
행전(行纏)을 못 보내니, 후에 보내리라. 날이 추운데 몸
조심하여 잘 지내어라. 영감(남편)이

순력(巡歷;지방순찰)을 나갔다든지 안 갔다든지의 말이
도무지 없으니, 너의 인사가 너무 미련하구나. 네 편지는
두루 다 전했으며, 신첨지는 너의 훈장인가 싶은데 그
편지는 어제 전하였고, 답장은 받아서 다음 편에 보내마.
내 말을 부디 잊지 말고, 아무리 심심하여도 글말이나
묻고 할 것이지 혹여나 제기나 차고 씨름놀이 같은
장난은 하지 말기를 바라노라. 어미의 편지를 모아서 잘
간수하고, 잃지를 말라. 그리고 좋이 있거라.
갑신(1704) 9월 30일 모(母).

〈추기〉
네 글씨 쓰던 종이와 붓을 보내랴 말랴? 글씨도 놀지 말고
써라. 네 편지 글씨 기괴하다.

  스승 공경하는 법을 권면하고, 술과 잡인을 멀리하라고 경계하
였으며, 장난치지 말라고 타일렀다. 용술(용백고)은 한나라 시대의
모범적인 선비이고, 두보(두계량)는 같은 시대 사람인데 불량배이
다. 이씨는 이 두 사람을 예로 들어, 자식된 도리를 다하려면 선비
의 도를 지켜야 한다고 타일렀다.
  13세가 되었으니 장가들 준비를 하라고 귀띔하면서, 남편 안부
를 전해 주지 않는다고 타박하는 것을 보면 웃음이 절로 나오기도
한다. 아들이 글씨를 못 쓴다고 부드럽게 꾸짖는 구절을 편지 끝에
따로 덧붙인 것을 보면 이씨가 얼마나 교육에 관심이 많으면서도

지혜로운 어머니였는지 알 수 있다.

　신창 맹씨 집안에는 여인들의 글이 많이 전하는데, 선조 때부터 순조 때까지 250년 동안 7대에 걸쳐서 한글로 쓴 여러가지 글들을 모아 《자손보전 子孫寶全》이라는 서첩으로 엮어서 전한다. 이 안에는 편지 · 행장 · 제문 · 음식 조리법 등의 여러가지 내용이 들어있어, 자손들에게 집안의 가르침을 전하고 있다.

모든 일은 매우 간결하게 하여라

송시열

임진왜란과 병자호란. 두 차례의 국난을 겪으면서 조선사회는 민심을 한데로 모을 인물이 필요하였다. 임진왜란은 우리 땅에서 벌어진 전쟁이었지만, 전쟁이 끝난 뒤에 정작 망해 버린 것은 조선이 아니라 명나라와 일본의 토요토미 히데요시 정권이었다. 우리 민중들은 관군이 달아나자 의병을 일으켜 자발적으로 자기 땅을 지킬 만큼, 조국을 지키겠다는 신념이 강했다.

인조가 남한산성에서 버티다가 송파로 내려와 청나라 태조에게 무릎을 꿇고 아홉 번이나 절하며 항복하자, 온 나라가 부끄러움을 느꼈고, 모두들 청나라에 복수할 생각을 하였다. 그 후 심양(瀋陽)으로 끌려가 10여 년 동안 볼모 생활을 했던 봉림대군이 1649년에 귀국하여 즉위했으니, 그가 바로 효종이다. 효종은 청나라에 복수할 일념으로 온 나라의 인재들을 다 불러모았는데, 특히 재야에서 학문에만 전념하던 산림(山林)들을 대거 정계에 등용하였다. 그 가운데 대표적인 인물이 바로 우암 송시열이다.

우암이 효종과 만난 것은 이보다 14년 전이었다. 우암은 27세에 생원시에 합격하고, 그 2년 뒤 봉림대군의 스승이 되었었다. 그런데 그때 15세 소년이었던 봉림대군이 이제 31세 장년이 되어 복수심에 불타는 임금이 되었고, 우암도 불혹의 나이를 넘어선 43세가 되어 옛날의 제자였던 임금을 돕게 된 것이다. 효종이 그에게 와신상담(臥薪嘗膽)의 뜻을 말하자, 우암은 〈기축봉사 己丑封事〉를 올려 북벌론(北伐論)과 존주론(尊周論)의 이념을 제시하였다. 이때부터 이 두 가지 화두는 효종이 임금으로 있던 10년 동안 조선의 국력을 한데 모으는 이념이 되었으며, 효종이 40세의 젊은 나이에 세상을 떠난 뒤에도 노론 정권의 명분이 되었다.

우암은 상처받은 국가적 자부심을 회복하기 위해 애썼으며, 구체적으로 조선이 주체가 되는 중화문화(中華文化)를 살리려고 노력하였다. 그리하여 명나라에 대한 의리를 지킬 것과, 대내적으로는 예치(禮治)를 강조하였다. 그런데 이러한 예치가 정치 문제화되어 예송(禮訟)을 일으키기도 하였다.

그는 나라를 다스리기 전에 자기 집안부터 바로잡아야 하고, 집안을 바로잡기 전에 자기 몸부터 닦아야 한다고 생각하였다. 이는 곧 《대학》에서 가르친 "수신제가치국평천하 修身齊家治國平天下"의 실현이다. 그래서 아들에게도 이의 실천을 가르쳤는데, 임기를 마치고 돌아가는 아들 기태(基泰)에게 보내는 편지에서 그러한 생각을 엿볼 수 있다.

아들에게 답한다.

편지를 보니 놀랍고도 기쁘다. 이는 밤낮으로 내가
바라던 바다. 즉시 소제(蘇堤)로 돌아가서 (인계인수에
필요한 서류) 중기(重記)를 마련하도록 하여라.

내가 들으니, 영동 현감을 지낸 한명윤(韓明胤)은 돌아갈
적에 벼슬이 갈렸다는 소식을 듣고는, 즉시 (옆에 있는
고을) 옥천 지경으로 옮겨 있으면서 중기를 정리해
두었다고 한다. 그 분은 숙부께서 존경하던 분이었다.
벼슬이 갈린 뒤에도 그 고을에 한 시각이라도 머뭇거리는
것은 매우 구차스런 일이다.

그리고 파직된 관리가 쇄마(刷馬)를 타려면 민간에서
차출해야 하는데, 하룻길도 안 되는 거리에 무엇이
괴로워 종들까지 걸어가지 않고 모두 말을 타겠느냐?
회덕 현감을 지낸 윤추(尹推)가 임기를 마치고 돌아갈
때에 그의 부인도 관마(官馬)를 이용하지 않았는데,
더구나 종들이 이용했겠느냐?

"당나라 정승 한휴(韓休)의 부인 행차에 종 두 사람이
걸어서 따라갔다"는 고사가 《소학》에 실려 있다. 재상의
부인도 그러한데, 일개 군수의 천첩(賤妾)의
계집종들이야 걸어서 가지 못할 이유가 무엇 있겠느냐?
이 일뿐만 아니라, 모든 일은 매우 간결하게 하도록 하되,
김여량이 빈 상자를 싣고 가면서까지 명성을 얻은 것처럼
하지는 말아라.

무진년(1688) 7월.

우암은 아들이 없었으므로, 사촌형 시영(時塋)의 아들 기태를 양자로 들였다. 기태는 평소 사물에 마음을 두지 않았으며, 의관을 바로하고서 하루 종일 단정히 앉아 글을 읽었다. 1688년 7월에 금산 군수 임기가 끝나 회덕에 있는 고향집으로 돌아오게 되었는데, 아버지 우암의 평소 가르침대로 민폐를 끼치지 않으려고 노력하였다.

보통 지방관들은 임기가 끝나 돌아오면서 주민들에게 선정비(善政碑)를 세워 달라고 강요하는 경우가 많았다. 고을 백성들이 고마워서 세워 주는 선정비가 아니라, 이임하는 사또가 강요해서 세운 선정비였다. 그래서 대부분의 고을 관아 앞에는 수십 개의 선정비가 서 있게 마련이었다. 이 비석을 세우는 것도 백성들에게는 큰 부담이 되었다. 게다가 고을의 특산물이나 노자를 선물로 주게 마련인데, 이것 역시 백성들에게는 큰 부담이 되었다.

고려시대 충렬왕 때에 승평 부사 최석(崔碩)은 임기를 마치고 조정으로 돌아갈 때 고을 백성들이 관례대로 말 여덟 마리를 선물하며 좋은 말을 고르라고 청하자, 개성까지 돌아갈 수만 있으면 된다고 하며 거절하였다. 그런데도 백성들이 그에게 말 여덟 마리를 딸려 보내자, 개성으로 돌아간 뒤에 선물로 받은 말들을 모두 돌려보냈다. 선물로 받은 여덟 마리에다, 중간에 낳은 망아지 한 마리까지 보태어 아홉 마리였다. 고을 사람들이 그의 덕을 칭송하면서 그 사연을 기록한 비석을 세웠는데, 이를 '팔마비 八馬碑'라고 하였다. 그 뒤로는 이임하는 수령에게 말 여덟 마리를 선물하는 폐단이 없어졌다.

우암은 아들에게 영동 현감 한명윤을 예로 들어, 뒤처리를 깨끗

하게 하라고 당부하였다. 벼슬이 갈렸다는 소식을 듣고도 동헌에
계속 있으면 고을 백성들이 부담스러워할까 염려되어 이웃 고을
로 나가서 인계인수 준비를 했던 한명윤처럼, 아들 기태에게도 고
향 회덕으로 가서 인계인수 준비를 하라고 당부한 것이다. 구관 사
또가 그곳에 오래 있으면 있을수록 백성들에게 부담을 주기 때문
이다.

임기가 끝나서 고향으로 돌아가려면 따라가는 식구들도 많게 마
련이다. 가족에다 노비와 짐들까지 있어서, 이들을 다 실어나르자
면 수십 마리의 말이 필요하였다. 이것도 모두 백성들의 부담이었
다. 그래서 우암은 아들에게 공식적으로 말이 지급되는 군수말고
는 모두 걸어가라고 당부하였다. 금산에서 회덕까지는 채 하룻길
도 되지 않는데, 명분도 없이 백성들의 말을 징발했다가는 공연히
민폐를 끼치게 되고, 평판도 나빠지기 때문이었다. 그래서 우암의
아들 송기태가 금산 군수 임기를 마치고 고향으로 돌아오는 행차
는 무척 검소하였다. 군수말고는 모두 걸어왔고, 사치스런 짐도 없
었다. 지금은 다 없어진 모습이지만, 한때 부인의 백화점 쇼핑에도
관용차를 쓰게 했던 우리네 고급 공무원들이나, 집에서 김장김치
를 담는 것도 군부대의 부식을 가져다 썼던 장교들께서 눈여겨 읽
어 볼 편지이다.

이런 충고를 하면서도, 우암은 김여량처럼 지나치게 하지는 말
라고 하였다. 김여량은 김집(金集)의 문인이어서 우암과도 동문 사
이였는데, 음성 현감 · 김제 군수 · 창원 부사 등의 지방관으로 있
는 동안 선정을 베풀어, 가는 곳마다 백성들이 스스로 선정비를 세
워 주었다. 그는 사또로 있는 동안에도 백성들에게 민폐를 끼치지

않아. 그가 임지를 떠날 때에는 이삿짐이 모두 빈 상자였다고 한다. 그가 훌륭한 목민관(牧民官)이었던 것은 사실이지만. 우암은 그처럼 지나치게 소문내지는 말라고 하였다. '과유불급 過猶不及' 이라고 했으니, 지나친 것은 못한 것이나 마찬가지라는 것이다. 우암은 이렇듯 이임하는 아들에게 편지를 보내며, 마지막 순간까지도 중용(中庸)의 자세를 잃지 말라고 당부했다.

송기태는 뒷날 숙종에게 우암의 유소(遺疏)를 바치고 군기시(軍器寺) 부정(副正:종3품)까지 올랐다. 그 뒤에는 둘째 아들이 공을 세워 통정대부에 오르고, 1708년에는 가선대부 동지사(同知事:종2품)까지 올랐다. 그는 83세까지 장수하며 아버지의 가르침대로 살면서 자식들을 잘 길러, 많은 복을 누렸다.

한결같이 법도를 지키길 천만 번 빌고 또 빈다

우암은 1658년에 이조판서가 되면서 1년 동안 효종의 절대적 신임 속에서 북벌계획의 중심 인물로 활약하였다. 사관까지 물리치고 왕과 독대(獨對)한 적도 있었으며. 비밀 편지가 오간 적도 여러 차례 있었다. 그러나 이듬해에 효종이 갑작스레 세상을 떠난 데다 조 대비의 복제 문제로 예송이 일어나자. 그는 벼슬을 버리고 낙향하였다.

현종 15년 동안 조정에서 그를 끊임없이 불렀지만, 1668년 우의정에, 1673년 좌의정에 임명되었을 때에만 잠시 조정에 나아갔을 뿐, 시종 재야에 머물러 있었다. 그는 재야에 있으면서도 선왕 효종의 위광과 사림의 존경으로 막강한 정치적 영향력을 행사했다.

1674년에 효종비의 상으로 인한 2차 예송에서 우암의 예론을 추종한 서인들이 패배하자, 그도 예를 그르친 죄로 파직되고, 1675년 정월 덕원으로 유배되었다가, 장기·거제도 등지로 옮겨졌다. 우암은 유배 기간 중 남인들이 가중처벌을 주장하여, 한때 생명을 위협받기도 하였다.

그러다 1680년 서인들이 다시 정권을 잡음으로써, 유배에서 풀려나 중앙 정계로 복귀하였다. 그러나 1689년 1월에 장희빈이 아들(뒷날의 경종)을 낳자 원자(元子) 문제로 일어난 기사환국 때 세자책봉을 반대하다가 숙종에게 노여움을 사서 제주도로 유배되었다. 자신에게 죽음이 내려질 것을 직감한 우암은 제주도로 가는 강진 나루에서 6일 동안 제자들과 마지막 강론을 한 뒤에, 아들 기태에게 마지막 편지를 보냈다.

아들에게 부친다.
거제도에 있을 때에 여러 사람들이 어찰(御札)을
제출하라고 강력히 권했지만, 내가 끝내 듣지 않았다.
어찰을 받던 날 성상(효종)께서 "은밀히 간직하고, 함부로
내어놓지 말라"고 하교하신 것을 차마 어길 수 없었기
때문이었다. 근래에도 (그 편지를 바치라는) 조정의 명이
비록 있었지만, 내가 몸소 바치지 않으면 그 역시 온당치
못한 일이었으므로, 그때에도 사람들의 말을 듣지
않았었다. 그러나 돌이켜 생각해 보니, 효종께서 뜻하신
일을 금상(今上)께서 일찍 아셔야 하고, 지난날 기세를
꺾었다는 말을 농담으로만 돌릴 수 없기 때문에, 마침내

너로 하여금 대신 올리도록 하려는 것이다. 그 당시 네가
내 앞에 없었고, 급한 상황에서 일이 이루어졌기 때문에
자세히 말해 주지 못한 것이 한스럽다. 승정원에서 끝내
저지하면, 은밀히 간직했다가 내가 죽은 뒤에라도 다시
올리도록 하여라.

윤선거(尹宣擧)는 (나를 헐뜯기 위해서) "구천(句踐)은
속임수를 썼고, 경연광(景延廣)은 미친 짓을 했다"는 말을
차마 했으며, 문자에 드러내기까지 했으니 몹시
통탄스럽다. 더구나 구천의 사적에 대해서는 주자께서도
옳게 여기셨으니, 그는 주자를 불신한 것이다. 어찌 이럴
수가 있겠느냐. 내가 일찍이 이런 말을 하지 않았던 것은
다른 뜻이 있었기 때문이다. 그러나 지금은 성상의
은총을 크게 받아 다시 더 염려할 것이 없게 되었고,
이제는 이 어찰을 네게 맡기게 되었으니, 네가 알아
두어야 할 일이기 때문에 대략 말하는 것이다. 그밖에
나머지 일들에 대해서는 모두 손자 주석(疇錫)에게
부탁하였다. 나는 이미 (제주도로 가는) 뱃머리에
도착하였으니, 곧 떠날 것이다.

내가 너를 따라 들어오지 못하게 하는 것은 일찍이 손자
은석에게 보낸 편지에서도 말했던 것처럼,
청음선생(淸陰先生)이 청나라에 잡혀 들어가면서
김동지(金同知)를 따라 들어오지 못하게 했던 것과 같은
뜻에서 그렇게 한 것이다. 너는 선조의 묘와 사당을 지켜,
(우리 집안에) 제사가 끊어지지 않도록 하는 것을

소임으로 삼도록 하여라.

내가 만일 무사했더라면 올해 봄에는 회석(晦錫)의 묘에 조그만 묘표라도 세우려고 했는데, 이제는 다 틀렸다. 올 때에 조카 기학에게 부탁하여, (비석 세워 줄) 돌을 속리산에서 구하도록 했었다. 그곳의 석질(石質)이 옥 같아서, 조그만 돌이라도 백세(百世)는 마멸되지 않는다. 연락해서 의논하도록 하여라. 비문은 (내가) 이미 지어서 주석에게 주었다.

이후의 일들은 모두 네게 달렸다. 내가 네 아이들에게 말할 때마다, "너희 아비는 기품이 남보다 뛰어나지만, 과단성 없게 머뭇거리는 습성이 일생의 병통이다"라고 하였다. 이 병통은 율곡 선생께서도 자책하시던 것이니, 그밖의 사람들이야 말할 것이 있겠느냐. 이제 너의 혈기가 이미 쇠약해졌으니, 이 병통이 더할 것이다. 그러나 자잘한 가정일과 여러 아이들의 교육 문제를 너말고 누구에게 다시 책임지워 맡기겠느냐. 이제부터 정신과 근력을 가다듬어 한결같이 법도를 지키며 종족을 보존하고 가정을 다스리도록, 천만 번 빌고 또 빈다.

박태보가 선친을 무함한 것은 틀림없이 윤(윤증)에게서 나왔을 것이다. (내 제자) 권상하가 말하기를, "서문식이라고 하는 자가 (윤증이 살던) 이산으로부터 와서 그 일이 윤에게서 나온 것이라고 분명히 말했습니다"라고 하였다. 나는 세도(世道)를 위해서 부득이 그의 아비를 공격했지만, (따지고 보면) 그가 나를

원망하는 것도 당연하다. 그러나 원망을 갚더라도
정직하게 해야 하는 것이다. 그렇지만 이 일을 가지고
어찌 윤을 책망할 수 있겠느냐?

1689년 2월.

남인들은 그를 여러 번 탄핵하였는데, 그 이유 가운데 하나는 효종과 독대하고 비밀 편지가 오갔다는 사실이었다. 워낙 중요한 문제인 북벌책을 의논하였기에 사관도 물리치고 임금과 단 둘이 만난 것인데, 반대파에서는 그 내용이 못내 궁금했던 것이다. 거제도에 유배되었을 때에도 그 비밀 편지가 직접 문제된 것은 아니었지만, 주위에서는 그 편지를 공개하고 유배에서 풀려나라고 권하였다. 그러나 우암은 효종 임금이 자신을 믿고 내린 비밀 편지였기에, 무슨 일이 있어도 내어 줄 수가 없었다. 그래서 오해는 점점 더 커졌고 이제는 더 이상 다른 방법이 없었으므로, 효종의 비밀 편지라도 임금께 바치라고 지시한 것이다.

우암은 죽음을 앞두고 집안일을 하나씩 정리하였다. 아들에게 제사를 맡기고, 자신보다 일찍 죽은 손자의 비문까지 지어 주며 비석을 세워 주라고 부탁하였다. 또한 자신을 죽음까지 몰아넣은 제자 윤증을 원망하면서도, 자신이 그의 아버지 비문을 쓰면서 칭찬하지 않은 사실이 있었으니 아들로서는 그럴 만하다고 인정하기도 하였다.

우암은 제주도에 유배되었다가 6월에 서울로 압송되어 올라가던 길에, 정읍에서 사약을 받고 죽었다. 원래는 서울로 붙잡아 와서 국문할 예정이었지만, 우암의 몸이 워낙 허약해져 올라오는 길에 세상을 떠날 수도 있었으므로 서둘러 사약을 내린 것이다. 그가 사약을 받고 죽던 날의 모습과 그의 장례 절차는 제자 민징강이 쓴 《초산일기》에 잘 기록되어 있다.

우암은 효종의 비밀 편지와 명성왕후의 편지를, 제주도 유배지까지 자신을 모시고 다녔던 손자 주석(疇錫:1650~1692)에게 맡겨, 때가 되면 공개하라고 지시하였다. 주석은 할아버지의 뜻을 가장 잘 받들었던 손자로, 1683년 문과에 급제하였으며, 그 해에 우암이 박세채 · 이단하 등과 문답한 시사(時事)를 정리하여 《향동문답 香洞問答》을 완성하였다. 또한 우암의 유소(遺疏)를 직접 받은 주석은 그 뒤에 당쟁과 관련된 가정사를 정리하여 《구화사실 構禍事實》을 편찬하였다.

우암이 세상을 떠난 지 6년 뒤인 1694년에야 숙종은 인현왕후 민씨를 복위시키고, 우암의 관작을 회복시켰다. 우암의 손자 주석은 이미 세상을 떠났으므로, 그의 마지막 편지를 받았던 맏아들 기태가 효종과 명성왕후의 비밀 편지와 우암이 마지막으로 작성한 유소를 숙종에게 바쳤다. 숙종은 이 글들을 읽어 보고 이렇게 비답하였다.

"선경(先卿)은 의를 다해 충성을 바쳤으며, 죽음에 이르러서도 더욱 독실하였으니, 이 글을 잡고 읽으면서 나는 더욱 회한이 간절하다. 선경은 나를 저버리지 않았는데 나 홀로 선경을 저버린 것이니, 멀고 먼 황천길이여! 그 누가 내 마음을 알아줄 텐가?"

그리고는 시장(試狀)이 제출되기를 기다리지 않고, 문정(文正)이란 시호를 내리라고 특별히 명하였다.

좋아! 너는 아비가 없는 것이 아니다

윤봉길

　　매헌(梅軒) 윤봉길(尹奉吉 : 1909~1932)은 충청남도 예산군 덕산면 시량리에서 태어나, 시골 서당에서 《천자문》과 《소학》을 배웠다. 1918년에 덕산보통학교에 입학하여 학교를 다녔지만, 이듬해 3·1운동 때에 일본인 교장과 충돌하고는 일본 식민교육을 하는 보통학교를 다니기 싫다고 자퇴하였다. 처음에는 최병대의 서당에서 글을 배우다가, 1921년 봄부터는 집에서 수덕사 쪽으로 5리쯤 떨어진 가막고개에 있는 오치서숙(烏峙書塾)에 나아가 매곡(梅谷) 성주록(成周錄)에게 글을 배웠다.

　　매헌은 오치서숙에서 글을 배우는 동안, 15세가 되던 1922년에 그보다 한 살 많은 배용순과 결혼하였다. 이때 〈동아일보〉와 《개벽》 등을 보며 신학문에도 눈을 뜨고 한시도 지었는데, 한시는 현재 3백여 편이 전한다.

　　성주록은 매헌에게 한문뿐만 아니라 민족에 대해서도 가르쳤다.

그는 6년 동안 가르친 뒤에 더 이상 가르칠 것이 없다고 내보내면서, 자신의 호인 매곡에서 '매' 라는 글자와 성삼문의 호 매죽헌에서 '헌' 이라는 글자를 합하여 '매헌' 이라는 호를 지어 주었다.

매헌은 독립운동의 준비 단계로 민중계몽이 필요하다고 생각하여 야학을 설치하였으며,《농민독본》이라는 교과서를 직접 편집하여 가르치기도 하였다. 그러나 만주에서 본격적으로 독립운동하려는 꿈을 이루기 위해, 1930년 3월 5일 "장부출가생불환 丈夫出家生不還"이라고 써 놓고는, 식구 아무에게도 말하지 않고 집을 나섰다. 집에는 부모와 아내, 그리고 딸 안순과 아들 종(淙)이 있었으며, 아내는 임신중이었다.

매헌은 신의주로 가던 기차 안에서 불심검문에 걸려 3월 7일 선천역에서 중도하차하였다. 그러나 15일 간의 취조 끝에 증거 불충분으로 풀려난 후, 다시 독립군 일행을 만나 만주로 건너갔다. 그 후 반년 남짓 독립군의 여러 본부들을 찾아다녔지만, 모두 마음에 들지 않았다. 12월에 청도까지 간 매헌은, 그곳에서 어머니와 아들 종에게 편지를 보냈다. 종은 아직 어린 나이였으므로, 아마도 어른들이 이 편지를 읽어 주었을 것이다.

청도에서 어린 아들 종에게.

종아! 재롱 많이 하고 사랑 많이 받아라. 네가 정말
두순(斗淳)에게 대하여 "너는 아버지가 있으니까
좋겠다"고 하였느냐? 4세 아이로 그러한 느낌이 있다면
그야말로 동정 많은 부답생초기린아(不踏生草麒麟兒)요,

감각 많은 신동아(神童兒)이다.

사회·경제·정치, 이것은 발생학적 순서이다. 그렇다.
현실적 통제관계에 있어서 이 순서는 전도되었다. 경제는
사회에서 나서 사회를 떠나 사회를 지배하고, 정치는
경제에서 나서 경제를 떠나 경제 위에서 경제를 지배하고
있다. 따라서 현대 인생의 변환도 그러하다. 부모의
혈계(血係)로 나서 부모를 떠나 부모를 위하여 노력함이
허언(虛言)이 아니다. 사실상 부모는 자식의 소유주가
아니요, 자식은 부모의 소유물이 못 되는 것은 현대
자유계의 요구하는 바이다.

종아! 너는 아비가 없는 것이 아니다. 너의 아비가 이상의
열매를 따기 위하여 잠시적 역행(逆行)이지,
하년세월(何年歲月)로 영구적 전전(轉輾)이 아니다.
그리고 모순(종)이는 눈물 있으면 그 눈물을, 피가 있으면
그 피를 흘리고 뿌려 가며 불변성의 의지력으로 훈련과
교양을 시킬 어머니가 있지 아니하냐? 어머니의
교양으로 성공한 자를 보건대 서양에는 만고영웅
나폴레옹과 고명한 발명가 에디슨, 동양에는 문학가
맹자가 있다.

후일에 따뜻한 악수와 따뜻한 키스로 만나자.

1931년.

매헌이 고향을 떠난 뒤에 유복자가 태어났으므로, 그는 그 아들

의 이름을 담(淡)이라고 지어 주었다.

청도에서 세탁소 일을 하며 급료를 저축한 매헌은 여비가 마련되자 상해로 떠나, 1931년 5월 8일에 도착하였다. 그리고는 임시정부에 찾아가 백범 김구를 만나 숙소를 정하고, 공장에서 일하며 영어학원에서 공부하였다. 매헌은 그 이듬해 4월 26일 한인애국단에 입단하였으며, 4월 29일 홍커우공원에서 열린 천장절 기념 및 전승축하 기념식 전에 폭탄을 던져 시리카와 대장을 비롯한 일본군 장군과 고관들을 살해하였다.

백범은 그에게 거사 준비를 위하여 도시락 형태와 물병 형태의 폭탄 2개를 마련해 주고, 거사 비용으로 은화 2백 냥을 주었다. 기념식장에 일본인처럼 위장해 들어가려면 깨끗한 양복과 시계 등이 필요하였기 때문이다.

4월 27일 밤에 백범은 매헌이 묵고 있던 프랑스 조계지의 동방여관으로 찾아갔다. 마지막 유언을 듣고 격려하기 위해서였다. 그는 유서를 겸한 〈자서약력〉과 시 4수를 지어 주었다. 시 4수는 거사 장소인 홍커우공원을 사전답사했던 감회를 읊은 시, 고향의 아들에게 보내는 시, 조국의 청년들에게 보내는 시, 백범에게 바치는 시 등이었다. 아들에게 보내는 시는 제목이 '강보에 싸인 두 병정에게'라고 되어 있어, 두 아들도 조국의 독립운동에 투신할 병정이 되기를 기원했음을 알 수 있다.

두 아들 모순과 담에게.
너희도 만일 피가 있고 뼈가 있다면

반드시 조선을 위해 용감한 투사가 되어라.

태극의 깃발을 높이 드날리고

나의 빈 무덤 앞에 찾아와 한 잔 술을 부어 놓아라.

그리고 너희들은 아비 없음을 슬퍼하지 말아라.

사랑하는 어머니가 있으니.

어머니의 교양으로 성공자를

동서양 역사상 보건대

동양으로 문학가 맹가(孟軻)가 있고

서양으로 불란서 혁명가 나폴레옹이 있고

미국의 발명가 에디슨이 있다.

바라건대 너희 어머니는 그의 어머니가 되고

너희들은 그 사람이 되어라.

1년 전 청도에서 종에게 보냈던 편지와 같은 내용이다. 아버지가 없어도 어머니에게 잘 교육받으라는 이 편지는 어머니의 교육으로 성공한 나폴레옹과 에디슨과 맹자의 이름까지도 그대로 들고 있다. "반드시 조선을 위해 용감한 투사가 되어라"라는 당부를 덧붙여, 아비 없이 자랐다고 나약해지지 말고 아버지를 닮은 독립 투사가 되기를 염원한 부분만 달라졌을 뿐이다. 지난번 편지에서 "자식은 부모의 소유물이 아니다"라고 한 말은 결국 "자식은 조국의 것이다"라는 그의 신념이었음을 알 수 있다.

그는 백범에게 이 시를 주면서, "미리 말씀해 주셨다면 생각도 가다듬고 글귀도 손보고 해서 좀 나은 글을 썼을 것입니다"라고 말했다고 한다. 그러나 이 시야말로 꾸밈없는 아버지의 편지이다. 사람이 마지막 죽을 때에는 착한 말을 한다고도 하지만, 이 시야말로 어떤 수식어보다도 호소력을 지닌 진솔한 유서라고 할 수 있다.

매헌은 5월 25일 상해 파견 일본군 군법회의에서 사형선고를 받고, 12월 19일 일본 가나자와 교외 미고우시 공병작업장에서 총살형으로 순국하였다. 유해는 쓰레기 하치장에 묘표도 없이 가매장되었는데, 1946년 5월에 재일동포 50여 명이 십자가 형틀과 매헌의 관, 기타 유품을 찾아 내었다. 매헌의 유해는 그 해 5월 중순에 이봉창 의사의 유해와 함께 환국하여, 1946년 7월 7일 국민장을 치른 뒤 효창공원에 안장되었다. 그의 뜻을 기리는 매헌문화제가 아직까지도 개최되고 있다.

3장

겉치레만 숭상하는 것은 학문하는 이유가 아니다

천하가 작다고 한
공자의 말씀을 너는 기억하겠지

이곡

가정(稼亭) 이곡(李穀：1298~1351)은 원나라에 유학갔다가, 36세 되던 1333년에 전시(殿試)에 2등으로 합격하여 진사가 되었다. 당시 원나라는 천하의 종주국을 자처하고 있었으므로, 유학생들을 받아들여 그들에게 벼슬도 주었다. 가정은 승사랑 한림국사원 검열관에 제수되었는데, 이때 그의 아들 목은(牧隱) 이색(李穡：1328~1396)은 6세 어린 나이로 고향에 떨어져 있었다.

목은은 8세부터 고향인 한산 숭정산 절에서 글을 읽었으며, 14세에는 강화도 교동 회개산으로 가서 공부하였다. 그리하여 그 해 가을에 열린 성균관시에서, 14세 어린 나이로 합격하였고, 16세에는 별장(別將)에 임명되기도 하였다. 그는 독서를 게을리 하지 않아 벼슬을 받고도 성균관의 구재도회(九齋都會)에 나가 사서오경을 공부했으며, 17세 때 봄에는 삼각산, 가을에는 감악산, 겨울에는 청룡산에 가서 글을 읽었다. 그리고 18세에는 다시 고향인 대둔

산으로 내려와서 글을 읽었다. 이때 원나라 북경에서 벼슬하고 있던 아버지 가정이 시를 지어 보내며, 아들의 공부를 격려하였다.

지금부터 한순간이라도 아껴 배우거라

사내로 태어났으면 황제의 서울에서 벼슬을 해야지.
자신을 세우려면 부지런히 공부하는 수밖에.
천하가 작다고 한 공자의 말씀을 너는 기억하겠지.
자신이 태산에 높이 올라섰기 때문이란다.

아비는 30년 전에 독서를 게을리 해서
머리가 희끗해지며 헛이름을 한탄한단다.
너는 지금부터 한순간이라도 아껴 배우거라.
부귀는 오직 그 길뿐이란다.

"황제의 서울"이란 당시의 원나라 북경을 가리킨다. 천하의 종주국이라고 자부한 원나라는 주변의 여러 나라에 문호를 개방하여 유학생들이 과거에 급제하고 벼슬하는 경우도 많았다. 이때 북경에서 벼슬하고 있던 가정은 아들에게도 원나라에 들어와 폭 넓게 공부하고 벼슬하라는 충고를 했다. 이 말을 사대주의적인 발상이라고 보기도 하는데 이는 편협한 민족의식이다. 원나라는 실제로 당시 세계의 중심이었으며, 동서양의 문명이 모여드는 곳이었다. 마르코 폴로의 《동방견문록》도 이곳을 중심으로 쓰여졌다.

고려 안에 머물며 세상을 몰랐던 가정 자신이 원나라에 들어와 넓은 세상을 보았으므로, 아들에게도 이곳으로 와서 공부하고 벼슬하라고 권하였던 것이다. 가정은 아들에게, 공자가 천하를 작다고 말한 것은 태산에 올라가 높이 서서 천하를 한눈에 볼 수 있었기 때문이니, 원나라에 들어와 천하를 한눈에 보고, 태산만큼 높은 학문의 경지에 올라서 보라고 권했다.

신라의 최치원도 12세 되던 868년에 당시 세계의 중심이던 당나라 유학길에 올랐는데, 그의 아버지는 뱃머리에서 그를 배웅하며 이렇게 훈계하였다.

"네가 십 년 동안 글을 익히고도 진사에 급제하지 못한다면, 내 아들이라고 말하지 말아라. 나도 또한 아들을 두었다고 하지 않겠다. 그곳에 가서 부지런히 글 익히기에 힘을 다하여라."

이렇게 당부받은 최치원은 뼈를 깎는 고생을 했는데, 성공한 뒤에 신라로 돌아와 헌강왕에게 바친 《계원필경집》 서문에서 자신의 유학시절을 이렇게 회상하였다.

"저는 아버지의 가르침을 가슴에 새겨 조금도 잊지 않고, 머리를 묶으며 다리를 찌르는 노력을 했습니다. 끊임없이 아버지의 뜻을 받들고자 하였으니, 남들이 백을 이루는 동안에 저는 천을 이루었습니다. 중국의 빛나는 문화를 배운 지 6년 만에, 결국 제 이름이 급제자의 명단 끝에 걸렸습니다."

최치원의 아버지는 아들에게 6두품 출신으로 출세가 한정되었던 자신의 한을 풀어 달라고 당부한 반면, 가정은 태산에 올라서 천하를 작게 여겨 보라는 뜻으로 목은에게 학문을 권하였다. 황제의 서울에 와서 벼슬해야 한다는 말도 부귀영화보다는 폭 넓은 세계관을 키워, 진취적으로 한세상을 살아 보라는 뜻이다.

목은은 이 시를 받은 이듬해에 화원군 권중달의 딸과 결혼한 뒤, 원나라의 벽옹(酸雍) 학영(學營)에 들어가 우문자정(宇文子貞)에게 《주역》을 배웠으며 21세에는 학자감에 입학해 생원이 되었다. 부친의 3년상을 치르기 위해 일시 귀국했다가 명경과에 수석으로, 정동성 향시에 1등으로 합격했으며, 다시 원나라로 들어가 전시(殿試)에서 제2갑에 2등으로 급제하였다. 국사원 편수관으로 임명되어, 이때부터 몇 년 동안 원나라에서 벼슬하였다. 18세 때 아버지가 당부했던 꿈을 이룬 것이다.

먼저 심술(心術)을 바르게 하고

고려로 돌아온 목은은 벼슬이 높아지면서 여러 제자들을 가르쳤는데, 제자만 가르친 것이 아니라 자손들도 가르쳤다. 손자 맹균에게 보낸 시에서

먼저 심술(心術)을 바르게 하고
그런 다음 문장에 힘쓰거라.
그래야만 마침내 군자다운 선비가 되어
우리 가문을 크게 빛내리라.

라고 하여, 학문에 힘쓰기 전에 마음부터 바로잡을 것을 당부하였다. 그는 학문의 요체를 본연지성(本然之性)의 회복에 있다고 생각하였으므로, 아들 3형제의 이름도 종덕·종학·종선이라고 지었다. 마음을 바르게 하여 덕을 배양하고[種德], 학문을 익혀[種

學), 지극한 선에 이르게〔種善〕하려고 했던 것이다. 그의 아들들은 아버지의 가르침대로 올바르게 살았으며, 고려의 멸망과 조선의 건국 과정에서 아버지와 생사(生死) 진퇴(進退)를 함께하였다.

목은이 고려로 돌아오자, 공민왕이 성균관을 다시 세우고 그를 책임자인 대사성에 임명하였다. 그는 대사성이라는 자리에 있으면서 여러 동료들과 함께 당시 새로운 학문이었던 성리학을 가르쳤으며, 여러 차례 과거시험을 주관하여 제자들을 양성하였다. 당시에는 과거시험의 시험관과 합격자 사이에 사제관계가 형성되었는데, 그는 20여 년 동안 여섯 차례 과거시험을 주관하였고, 137명 정도의 문생을 배출하였다. 이 가운데 이숭인·박의중·권근·이첨·하륜·길재 등이 뒷날 이름난 학자가 되었다. 이들 스승과 제자 사이는 부자관계만큼이나 가까웠다. 목은은 이밖에도 우왕의 사부였는데, 우왕은 공식적인 잔치에서도 사부 목은에게 꿇어앉아 술을 따를 정도로 그를 존경하였다.

목은은 고려 말기에 온건개혁파의 어른이 되어, 고려왕조를 지키면서 개혁하자는 주장을 폈다. 그의 제자들은 대부분 그와 의견을 같이하였다. 이들 가운데 도은 이숭인과 야은 길재는 스승 목은과 함께 삼은(三隱)으로 불리기도 하였다. 권근은 목은이 가장 총애하는 제자였으며, 자식들의 혼인을 맺을 정도로 가깝게 지냈다. 그는 조선 건국에 반대하다가, 건국 뒤에 사면받고 대사성·대사헌에 등용되었다. 하륜도 목은의 아들 이종덕을 사위로 삼을 정도로 가까운 제자였는데, 조선 건국에 참여했다가 태종 때 목은의 제자였다는 점 때문에 탄핵을 받기도 하였다.

목은은 고려 말에 한산부원군·문하시중·대제학 등의 재상을 역임하면서, 고려왕조를 지키기 위해 이성계의 조선 건국을 반대하였다. 그의 친구이기도 했던 이성계는 왕위에 즉위하면서 교서를 반포해 그를 서인(庶人)으로 삼아 장흥으로 유배시키고, 종신토록 양반이 되지 못하게 하였다. 또한 아들 종학의 직첩도 회수하고, 곤장 1백 대를 때려서 먼 곳으로 귀양 보냈다. 목은은 이때부터 붓을 들지 않았다고 한다. 종학은 한 달 뒤 귀양지에서 목이 졸려 죽었다.

이성계는 당시 최고의 학자이자 사림의 존경을 받던 목은이 자신의 건국을 도와 주기 바랐다. 그러나 목은이 선비의 지조를 지키며 끝내 건국을 반대하자, 그의 두 아들을 죽이고 그에게까지 분풀이를 했던 것이다. 그러나 1년 뒤 분이 풀린 태조는 목은을 사면했으며, 이따금 친구의 예로 만나서 술잔을 나누거나 잔치를 베풀어 주기도 하였다. 태조가 여러가지로 새 왕조에 참여하기를 권했지만, 목은은 끝내 망국대부(亡國大夫)로 남기를 원하였다.

목은이 1396년 세상을 떠나자, 태조는 매우 슬퍼하면서 3일 동안이나 조회를 파하고, 사신을 보내어 제사지내게 하는 한편 문정(文靖)이라는 시호를 내렸다. 그가 조선 건국에 반대한 것은 서운했지만, 이제 한 나라의 임금이 되고 보니 그 같은 충신이 자신에게도 필요했던 것이다. 포은 정몽주가 충신으로 부각된 것도 같은 이유에서이다.

세월은 흐르는 물처럼 빠르니
천번 만번 힘써라
이황

퇴계(退溪) 이황(李滉: 1501~1570)은 학문적으로 대성한 학자였지만, 인간적으로는 몹시 불우하였다. 세상에 태어난 이듬해에 아버지가 세상을 떠났고, 어머니 박씨마저 37세에 세상을 떠났다. 21세에 결혼한 첫 번째 부인 허씨는 6년 뒤에 세상을 떠났는데, 그때 둘째 아들 채(寀)는 한 달밖에 안 된 핏덩이였다. 그 후 결혼한 두 번째 부인 권씨마저 46세에 세상을 떠나자, 퇴계는 다시 장가들지 않고 혼자 살았다.

퇴계의 맏아들 준(寯)은 학문에 그리 힘쓰지 않았고, 둘째 아들마저 22세에 죽었으므로, 퇴계는 손자들에게 기대를 걸고 학문하기를 권면하였다. 그는 조카나 손자들에게 많은 편지를 보냈는데, 집안을 이어 갈 맏손자 안도(安道)에게 특히 많은 편지를 보냈다.

손자 안도에게.

(내게) 오는 사람 편에 (네가) 산사(山寺)에 와서 임시로
머물며 (공부한다는 것을) 알았다. (마음을 잡았다니
다행이지만) 세월은 흐르는 물처럼 빠르니 천번 만번
힘써라. 네가 요즘처럼 이럭저럭 지내다가는 학업이
예전보다도 갑절이나 못해질까봐 걱정스런 마음이
풀리지 않는구나.

서울에 사는 김취려(金就礪)는 네가 예전에 보았던
사람인데, 지금 후생 한 사람과 함께 멀리서 (나를)
찾아와 배우겠다고 청하니, 거절할 만한 핑계가 없어서
양진암에 임시로 머물게 하였다. 남들은 이처럼 열심히
배우려는데, 너만은 어찌 부끄러움이 없느냐. 너와 몹시
만나고 싶지만 네가 자주 오갈 수는 없으니, 설날에 와서
만나도 늦지는 않다.

지금 네 아내를 만났더니, 내 생일이라고 건(巾)과 버선을
가지고 왔더구나. 성의는 좋다만, 때때로 찾아와 만나지
못하기 때문에 이러한 일이 마음에 편치 못하다. 네가
이러한 내 생각을 알아서 타일렀으면 좋겠다.

《논어》의 토(吐)와 정설(訂說)을 김군이 몹시 보고
싶어하는데, 어디에 있는지 알 수가 없구나. 네가 (찾아
보아서) 알려 주면 좋겠다.

경신년(1560년).

이때 맏손자 안도는 혼례를 마치고 산으로 들어와 공부를 시작하였다. 용수사(龍壽寺)는 예전에 퇴계의 아버지 형제가 공부했고, 그 뒤에는 퇴계의 형제들이 공부했던 절이다. 퇴계는 12세 때에 넷째 형 해(瀣)와 함께 용수사에서 작은아버지로부터 《논어》를 배웠으며, 20세 때에도 용수사에 다시 들어가 《주역》을 공부했었다.

전국의 수재들이 학문에 뜻을 두고 도산으로 찾아와 공부하는데, 정작 자신의 아들 손자들이 학문에 정진하지 못하는 것이 퇴계는 늘 걱정이었다. 그래서 아들 손자들에게 그러한 뜻으로 자주 편지하였다. 퇴계 골짜기로 학문하려는 제자들이 많이 찾아오자, 퇴계는 서재를 여러 곳에 지었는데, 이 무렵에는 김취려가 찾아와 퇴계 동쪽에 있는 양진암에서 공부하고 있었다.

퇴계는 손자에게 공부하라고 격려하면서도, 손자를 자주 만나보고 싶어하였다. 공부 때문에 자주 찾아올 수는 없을 거라고 하면서도, 그리운 마음을 그렇게 표현한 것이다. 몇 달 전에 새로 맞아들인 손자며느리가 자주 찾아오지 않는 것을 서운해하는 것을 보아도, 선물보다는 자주 찾아 뵙는 것이 어른들에게는 더 큰 효도임을 알 수 있다.

퇴계의 아버지 형제가 공부할 때에는 할아버지가 시를 지어 훈계하였고, 퇴계 형제들이 공부할 때에는 퇴계의 작은아버지가 시를 지어 훈계했는데, 그 기억이 새로워, 퇴계도 시를 지어 손자를 훈계하였다. 퇴계는 예전에 작은아버지가 지었던 시에 차운하여 지어 보냈다.

충고하는 벗을 사귀고 원대한 꿈을 꾸어라

소년 시절 이 절간을 글집 삼아서
몇 차례나 관솔불로 등잔 기름을 대신했던가.
그날의 경계를 아직 안 잊고 가훈 삼았으니
이치의 근원을 지금껏 탐구한단다.
늙은 내 마음을 너희들이 이어받아
충고하는 벗 사귀고 원대한 꿈을 꾸거라.
눈 덮인 산속 절문에 사람도 없어 고요할 테니
한 치의 광음이라도 함께 아끼거라.

퇴계는 용수사에서 공부하던 손자에게 이 시를 지어 보내면서, 할아버지와 손자는 한집안이자 한 할아버지의 후손임을 새삼 확인하기도 하였다.

46세 되던 해 2월에 장인의 장례를 치르기 위해 고향으로 돌아온 퇴계는 병이 더해져 서울로 돌아가지 못하고 고향에서 요양하게 되었다. 서울에서는 사복시정(司僕寺正;정3품)과 승문원 참교(參校;종3품) 벼슬을 겸하고 있었는데, 5월에 사임하고 모처럼 편히 쉬게 된 것이다. 그러나 가정적으로 불행이 계속되어 7월에 권씨 부인이 세상을 떠났다. 퇴계는 이듬해 7월까지 부인의 복(服)을 입고 고향에 머물렀는데, 이 동안에 생애의 방향을 바꾸는 사업을 계획하였다. 그는 부인을 영지산에 장사지낸 뒤에 근처 동암(東巖)에다 양진암(養眞庵)을 세우고 자연과 더불어 지내면서 학문을 연구하였다. 조정에서 벼슬이 내려지면 계속 사양하다가 이따금 마지못해 벼슬길에 오르기도 했지만, 계속 고향에 머물며 학문을 연구하고 제자들을 가르쳤다. 2년 뒤 둘째 아들마저 세상을 떠나자 퇴계는 더욱 세상에 뜻이 없어져, 50세에 시냇가에 한서암(寒棲庵)이라는 초가집을 짓고 소나무 · 대나무 · 매화 · 국화 · 오이를 심으며 즐겼다.

그의 평생 계획은 환갑을 앞둔 60세에 이뤄졌다. 57세 때부터 시작한 도산서원의 공사가 1560년 11월에 마무리된 것이다. 퇴계는 그 이듬해부터 도산서원에서 본격적으로 제자들을 받아 가르쳤다. 전국에서 퇴계를 찾아 젊은이들이 모여들었다. 그러나 정작 기대를 걸었던 맏손자 안도는 혼인한 뒤에 따로 공부하고 있었다. 퇴계는 안도에게 편지를 보내어, 할아버지가 제자들을 가르치는 도산서원으로 와서 함께 공부하라고 권하였다.

너도 분발하여 마음을 고쳐보지 않겠느냐

손자 안도에게.
정사성이 이곳에 찾아오는 길에 (너의) 편지를 받고, 모든 사정을 알게 되었다. 김성일과 우성전이 지금 《계몽 啓蒙》을 읽으려 한다더구나. 너는 벌써 《주역》을 읽고 있지만 《계몽》도 읽지 않을 수 없으니, 이때를 놓쳐서는 안 될 것이다. 《주역》 읽기를 마치지 못하더라도, 우선은 중지하고 곧장 내려와서 함께 《계몽》을 읽는 것이 아주 좋겠다.

전부터 네 뜻을 살펴보니 학문에 전념하지 않는 것 같아,
나는 네가 정자(程子)와 주자(朱子)의 글을 읽지 않아서
그런 것이라고 생각했었다. 그러다가 네가 지난 겨울에
주자의 글을 읽고서도 분발하지 않는 것을 보고는 속으로
크게 실망하였다. 그래서 지난번에 또 편지를 써서
보내며, "네가《주역》을 읽으면서도 도서(圖書)
괘획(卦劃)의 원리와 결정(潔淨) 정미(精微)의 의미를
알지 못하니 한스럽다"고 타일렀는데, 너는 편지를 받은
뒤에 한 마디 답도 없었지. 그래서 네가 알지 못하는 것을
애써서 알려는 뜻은 없고 한결같이 바깥 세상을
그리워하며 벼슬을 얻는 데로만 마음이 달려간다는 것을
알 수 있었다. 네가 뜻을 세운 것이 이처럼 평범하고도
천박하니, 이제 억지로 이 책을 읽히더라도 음악을
좋아하지 않는 자에게 억지로 노래를 시키는 것과 무엇이
다르겠느냐.
그렇지만 나로서는 이 기회에 너를 알 수 있는 길로
인도하지 않을 수 없기 때문에, 너에게 종과 말을 보낸다.
너도 분발하여 마음을 고쳐 보지 않겠느냐?
네가 내려오면 훈지(금응훈)만 그곳에 혼자 있을 수는
없기에 자후(김전)가 돌아가는 길에 협지(금응협)가 있는
곳에 통지하였다. 반드시 사람과 말을 보내리라고
생각되지만, (정말 그렇게 될지) 알 수 없는 일이다.
1565년.

《계몽》은 주자가 지은《역학계몽 易學啓蒙》을 줄여 부르는 이름인데, 관상(觀象)을 위주로《주역》의 체(體)를 삼아 소강절의 선천도의(先天圖義)를 밝힌 내용이 많다. 퇴계는《주역》이 반드시 읽을 책이긴 하지만, 마침 성실한 동학들이 모여서《계몽》을 읽게 되었으니 함께 어울려 공부하라고 권하였다. 이때 퇴계가 함께 공부하라고 권한 김성일과 우성전은 뒷날 큰 학자가 되었다.

퇴계가 이처럼 기회 있을 때마다 손자 안도를 불러 공부시켰으므로, 안도는 퇴계 문하의 석학들과 널리 교제하였으며, 학문의 올바른 길을 갈 수 있었다.

안도는 일찍이 할아버지 퇴계의 명을 받들어《성학십도》를 교정하였고, 퇴계의《연보》를 9책이나 초록하였는데, 이 책은 서애 류성룡이 산정을 거쳐 간행하였다. 또한 퇴계의 저술과 친필들을 수집ㆍ정리하였으며, 후손 가운데 수많은 학자들이 나올 수 있도록 가학(家學)을 전승하였다. 그러나 그는 44세 젊은 나이로 한창 학문할 시기에 세상을 떠났다. 허봉은 그의 제문을 지으며 "《중용》이 이뤄지기 전에 갑자기 궐리(闕里)의 손자를 잃었다"고 안타까워하였다. 공자에게는 자사(子思)처럼 훌륭한 손자가 있어서 할아버지의 가르침을 잘 정리하여《중용》같이 훌륭한 책을 남겼는데, 퇴계의 손자 안도는 퇴계의 저술을 미처 다 정리하기 전에 세상을 떠났다고 아쉬워한 것이다. 퇴계의 제자들은 크게 영남학파ㆍ기호학파ㆍ가학연원(家學淵源)ㆍ사숙(私淑)의 네 계보로 나뉘어지는데, 안도를 통해서 수많은 후손들이 퇴계의 가학을 전수받고 널리 퍼뜨렸다.

학문에 있어서 잘하고 못하는 것은 나에게 달려 있다

류성룡

　서애(西厓) 류성룡(柳成龍:1542~1607)은 19세 되던 해 겨울 서울 남쪽의 관악산 암자에서 종 한 명을 데리고 밤 깊도록 《맹자》를 20여 번이나 읽었고, 이듬해에는 고향 하회로 돌아와서 《춘추》를 30여 번 읽었다. 21세 되던 그 이듬해 9월에 퇴계 선생을 찾아가 글을 배웠는데, 퇴계 선생이 한 번 보고는, "이 사람은 하늘이 낳은 인물이다. 장차 반드시 나라에 크게 쓰일 것이다"라고 탄복하였다. 선생에게 나아가기 전에, 스스로 공부할 수 있는 바탕을 마련했던 것이다. 23세에 사마시, 25세에 문과에 급제한 뒤부터 그의 벼슬길은 순탄하였다. 47세에 형조판서가 되면서 홍문관과 예문관의 대제학을 겸임하였고, 49세에는 우의정으로 승진하면서 풍원부원군에 봉해졌다. 이듬해에는 우의정으로 있으면서 이조판서를 겸하였으며, 좌의정으로 승진한 뒤에도 이조판서를 겸하였다.

　서애가 이처럼 순탄하면서도 빠르게 승진한 까닭은 권력욕이 있었기 때문이 아니라, 관리로서의 뛰어난 역량과 학자로서의 학덕을 선조가 인정하고 사랑하였기 때문이다. 그는 부친상을 당하였을 때 2년 동안 벼슬에서 물러난 것 외에는 줄곧 벼슬길에 있었는데, 너무 빨리 승진하는 것에 대하여 언제나 조심스러워하였으며, 자주 사퇴하기를 간청하였다. 우의정으로 이조판서를 겸임하게 되었을 때에는, "이 같은 조치는 국초 이래 일찍이 없었던 일입니다. 자칫하면 후일에 1인 독재의 폐단을 연 시초로 지목되기 쉽습니다"라고 하여 사퇴의 뜻을 표했다. 그러나 선조는, "그대와 나의 의리는 군신지간이지만, 정의는 사우(師友)와 같다"고 하면서 끝내 허락하지 않았다.

그는 임진왜란 7년 동안 좌의정과 영의정으로, 또는 도체찰사로 재임하면서 난국을 헤쳐 나갔다. 전쟁이 터지기 직전에 권율 장군과 이순신 장군을 적재적소에 추천 임명한 것만 보아도 그의 경륜을 짐작할 수 있다.

어찌 이런 일을 본받겠느냐

서애는 학문과 행정이 글자 그대로 하나가 되었던 학자이자 행정가였다. 그가 과거공부에 소홀한 아들들에게 보낸 편지를 보면, 그가 어떻게 공부하였는지 알 수 있다.

여러 아들들에게.
너희들이 10년 동안이나 제대로 공부하지 못했구나.
여러가지 걱정 때문에 이리저리 쫓겨 다니다 보니,

한없이 세월만 흐르게 되었다. 그러나 이것도 다
천명이니 어찌 하겠느냐?

나도 젊었을 때엔 전적으로 과거공부를 하지는 않고,
너희들처럼 그럭저럭 세월만 보냈었다. 그러다
경신년(1560) 겨울에 《맹자》 한 질을 가지고 관악산에
들어가서 두어 달 동안 20여 번을 읽고 나서야 겨우
첫머리부터 끝까지 욀 수가 있었다. 산에서 내려와
서울로 오는 동안 말 위에서 다른 생각은 하지 않고
〈양혜왕〉 장에서 〈진심 盡心〉 장까지 모두 마음속에
기억할 수가 있었다. 비록 그 정밀한 뜻을 깊게 알지는
못했지만, 군데군데 마음에 이해되는 곳이 있었다. 그
이듬해 (고향) 하회에 와 있으면서 《춘추》를 30여 번
읽고서, 이때부터 조금씩 문장의 흐름을 이해하게 되어,
다행히 급제하게 된 것이다.

지금에 와서는 그때 좀더 공부하여 사서(四書)를 백여 번
읽었더라면 하고 언제나 한스럽게 여긴다. 만일 그렇게
했더라면, 내가 오늘처럼 보잘것없는 처지가 되지는
않았을 것이다. 그러기에 내가 늘 너희들에게 사서를
읽지 않으면 안 된다고 말하는 것이다.

요즘 서울의 젊은이들은 마치 시장에서 장사하는 사람
같아서, 장기적인 계획은 없고 빨리 성공할 수 있는
방법만 연구한다. 그래서 성현들의 글은 선반에 밀쳐
두고, 날마다 영리하게 남의 비위를 맞추는 작은 문자만
가지고 그 말을 따서 글을 지어 시험관의 눈에만 들게

하여 성공한 사람이 많이 있다.

그러나 이러한 것은 교묘한 방법으로 벼슬하는 사람들의 수단이지, 너희들같이 우둔하고 명예를 다투는 데 익숙하지 못한 사람은 본받을 태도가 못 된다.

모모(嫫母)가 서시(西施)를 본받는 것도 뭇사람들의 웃음거리가 되었는데, 더군다나 제가 굳이 서시와 같지도 않고 내가 모모도 아니면서, 어찌 이런 일을 본받겠느냐. 대개 학문에 있어서 잘하고 못하는 것은 나에게 달려 있고, 성공하고 못 하는 것은 하늘에 달려 있다. 그러니 내가 마땅히 해야 할 일만 힘쓰고, 운명은 자연에 맡길 뿐이다.

《통감 通鑑》도 역사가들의 지남(指南)이 되는 것이니 어찌 읽지 않을 수 있겠느냐.《통감》을 읽는 것도 잘못은 아니지만, 너희들의 나이가 벌써 중년이 되었고 할 일은 많은데 (아직까지도) 사서와《시경》《서경》이 모두 너희들의 물건이 되지 않은 것이 문제이다. 이제 또 몇 해를 더 보내고 나면 결국은 아무런 실속도 없이 오두막에서 슬피 탄식하는 필부의 꼴을 면할 수 없게 될 것이니, 어찌 민망하지 않겠느냐?

경서(經書)는 내용과 의미가 깊고도 정밀하기 때문에 반드시 노력을 기울인 뒤에야 성공할 수 있는 책이지만, 《사기》같은 글은 경서에 비할 것이 못 된다. (그런 책은) 경서를 읽으면서 틈틈이 한 번씩 훑어보아도 충분히 알 수 있을 것이다. 이렇게 되면 두 가지 모두 실속 있게 되는 것이니, 잘 생각해 보아라.

서애는 학문을 하면서 주경(主敬)·궁리(窮理)와 정사(精思)·진지(眞知)·실천을 근본으로 삼았다. 많이 아는 것보다는 깊이 생각하는 것을 소중하게 여겼으며, 생각하지 않는 공부는 입과 귀의 지식에 지나지 않는다고 하였다.

그는 아들들에게 편지를 보내면서 역사보다 경학에 힘쓰라고 충고하였지만, 그렇다고 역사를 가볍게 여긴 것은 아니다. 그는 경서 중심의 심학(心學) 공부에 힘쓰면서도, 역대 역사서에도 깊은 관심을 가지고 공부하였다. 그래서 다른 학자들과는 달리 정치와 병법을 비롯하여 이재(理財)에까지도 넓은 식견을 지녔으며, 현실 문제에 대하여 항상 구체적인 시책을 제시할 수 있었다. 그가 재상으로 있으면서 임진왜란을 슬기롭게 극복할 수 있었던 것도 결국은 폭넓은 학덕(學德) 덕분이었으니, 그야말로 경국(經國), 제세(濟世)에서 용병(用兵)에 이르기까지 어느 분야에도 막힘이 없는 통유(通儒)이자 진유(眞儒)였다.

서애는 시장에서 장사하는 사람은 물건을 팔기 위해서 실제 이상으로 자랑하지만, 공부는 남에게 보이기 위해서가 아니라, 백년대계를 위해서 해야 한다고 당부하였다. 《논어》에서도 "옛날의 학자들은 자기 자신을 위해서 공부하는데, 요즘의 학자들은 남에게 보이기 위해서 공부한다"고 경계하였다. 서애는 요즘의 젊은이들이 시험관의 눈을 끌기 위해서 공부한다고 걱정한 것이다.

그윽하게 몸으로 받아들여라

당시의 젊은이들은 대부분 과거시험을 위해 공부하였다. 그래서 〈홍길동전〉의 작가 허균에게 이씨 성을 가진 제자가 학문에 대하여 문자, 허균은 처음에 과거공부하던 시절을 이렇게 회상하였다.

"좀 자라난 뒤에는 어떤 사람이 과거공부하는 것을 보았다. 그래서 그를 따르고 본받았다. 그리고는 나도 빨리 이뤄야겠다는 생각이 들어서, 육경(六經)과 여러 역사책들을 두루 읽었다. 그러나 그 뜻을 대강 깨닫는 데 그쳤을 뿐이지, 그윽하게 몸으로 받아들이려 하지는 않았다. 밸이 커지고 간이 부어서 하루에도 수만 마디를 외우느라고, 입술을 쉴새없이 나불거렸다. 사람들이 나더러 뛰어나게 똑똑하다고 칭찬하였고, 나 또한 그렇다고 과시하였다. 그러나 학문과 문장을 제대로 알지 못했으니, 처음에는 많이 보고 외우는 정도에서 벗어나지 못했던 것이다."

허균은 12세 때에 아버지 초당 허엽이 세상을 떠났으므로, 엄격한 가정교육을 받지 못하고 자랐다. 주위에서 천재라고 칭찬하는 소리만 들으며 귀엽게 자랐던 것이다. 그러다가 나이가 더 들자, 작은형 허봉이 자기 친구들을 그의 스승으로 추천하였다. 시(詩)는 당대 최고의 시인이었던 손곡 이달에게 배우게 하고, 산문은 서애에게 배우게 하였다. 서애는 퇴계의 수제자로 영의정까지 오른 당대 최고의 정치가였지만, 이달은 기생에게서 태어났기 때문에 평생 과거시험도 한 번 못 보고 떠돌아다녔던 서얼 시인이었다. 허균의 집안에서는 이처럼 신분보다도 실력 위주로 스승을 선택하여 아들의 교육을 맡겼다. 허균은 작은형에게도 찾아가 고문(古文)을 배웠다. 그는 이런 과정을 겪으면서 과거시험을 위한 공부가 아니라 인생을 위한 공부에 눈떴는데, 뒷날 제자에게 보낸 편지에서 그때의 느낌을 이렇게 표현하였다.

"그제야 문장의 길이 여기에 있는 것이지, 저기에 있지 않다는 것을 알았다."

"여기"는 물론 옛글을 통한 인생공부를 말하고, "저기"는 눈앞의 출세를 위한 과거공부를 말한다. 과거시험 공부는 형식만 잘 외워 쓰면 좋은 성적이 나왔는데, 허균은 매부 김성립을 예로 들어서 과거시험의 맹점을 이렇게 비판하였다.

"세상에는 문리(文理)는 모자라면서도 글은 잘 짓는 이가 있다. 나의 매부 김성립은 사서오경이나 역사책을 읽으라면 입도 떼지 못하지만, 과문(科文)은 요점을 정확히 맞춰서, 논(論)이나 책(策)이 여러 번 높은 등수에 들었다."

과거시험을 보는 장소에는 시험 답안지만 전문적으로 써 주는 업자도 많았고, 그들이 써 주는 글로 급제하는 자들도 많았다. 이들은 경제나 정치에 대해서 아무런 경륜도 없이, 답안지 쓰는 요령만 익혀서 그 틀에 맞춰 글을 지었던 것이다. 그들은 평생 답안지만 위조해서 팔았을 뿐이지, 자기 이름으로 올바른 글 한 번 써보지 못하고 세상을 마쳤다.

서애는 허균에게 과거시험 합격만 위해서 형식에 얽매인 문장을 가르치지 않았던 것처럼, 자기 아들들에게도 "시장바닥에서 팔려가기 위한 공부를 하지 말라"고 충고하였다.

서애가 아들들에게 역사만 읽지 말라고 한 것은 사서오경에 바탕을 두고 역사를 읽으라는 뜻이다. 아직 "사서오경이 너희들의 물건이 되지 않았으니", 그 위에 다른 공부부터 하는 것은 모래 위에다 집을 짓는 것 같다는 뜻이다.

역사를 공부하는 까닭은 옛것을 거울로 삼아 같은 실수를 거듭하지 않고, 올바른 판단을 하기 위해서이다. 중국 역사책의 이름을 《통감 通鑑》이라고 한 것도 거울로 삼으라는 뜻이며, 서애가 임진왜란을 치르면서 얻은 경험과 교훈을 기록한 책의 이름을《징비록 懲毖錄》이라고 한 것도 그 때문이다. '징비 懲毖'란《시경》〈소비 小毖〉편의 "미리 징계해서 후환을 경계한다〔豫其懲而毖後患〕"는 구절에서 따온 말이니, 그가 얼마나 역사를 중요하게 여겼는가를 알 수 있다.

서애는 벼슬에서 물러난 뒤에 이 책을 기록하여 뒷날 정치에 반영할 자료로 삼았는데, 아들 진(袗)이 1633년《서애집》을 간행할 때 처음 수록하였다.

한 마음으로 학문만 독실히
하는 것이 옳다

정철

조선조 시인 가운데 술과 풍류를 가장 즐긴 시인이 바로 송강(松江) 정철(鄭澈:1536~1593)이다.

재 넘어 성권롱 집에 술 익단 말 어제 듣고
누운 소 발로 박차 언치 놓아 지즐타고
아이야 네 권롱 계시냐 정좌수 왔다 하여라

송강이 지은 이 시조는 여지껏 외워지고 있다. 술이 익었다는 소식을 듣고 얼마나 기뻤으면 누운 소를 발로 박차서 타고 왔을까. 이렇게 풍류를 즐겼던 그는 아들에게도 과거시험에 신경 쓰지 말라고 했다. 그러한 풍류객이니, 과거시험에 괘념치 않는 것도 이해가 갈 만하다. 그러나 그가 젊은 시절부터 술에 취해서 자랐기에 과거시험을 가볍게 본 것은 아니었다.

송강은 젊은 시절에 사실상 과거시험 공부를 할 기회가 없었다. 누이가 인종의 후궁인 숙의였고, 또 다른 누이도 성종 임금의 손자인 계림군 유에게 시집갔으므로, 송강은 어려서부터 궁중에 자주 드나들며 귀여움을 받았다. 또 뒷날에 명종이 된 경원과 함께 장난하며 놀기도 했다. 명종은 즉위한 후 송강이 과거에 급제하자, 급제자 명부인 방목을 보고 몹시 기뻐하며 내관 편에 술과 안주를 보냈다. 급제자는 어사화를 꽂고 사흘 동안 길거리를 돌아다니며 축하잔치를 벌이는데, 그 비용이 매우 많이 들어 보태 쓰라고 보낸 것이다.

그러나 송강이 10세 되던 1545년 그의 집안은 역모에 관련되어 망하고 말았다. 당시에 왕실의 외척인 대윤(大尹)과 소윤(小尹)이 권력 쟁탈전을 벌이고 있었는데, 대윤인 윤임의 조카 계림군이 역모에 엮여 대윤 일파와 함께 대역죄로 숙청당했다. 이 사건이 바로 '을사사화'이다. 이 사건으로 송강의 맏형 정자(鄭滋)는 매를 맞고 귀양가던 길에 죽었으며, 아버지 정유침(鄭惟沈)은 겨우 죽음만 면하고 유배되었다.

송강이 11세 되던 해에 아버지는 정평으로 유배되었으며, 12세 되던 해에는 연일로 부처(付處)되었다. 송강은 16세 되던 해에야 아버지가 유배에서 풀려나, 할아버지 묘소가 있는 창평으로 이사왔다. 송강은 이때부터 하서 김인후 문하에 드나들며 학문을 시작하고, 고봉 기대승을 따라 배웠다.

송강은 글공부를 시작한 지 10년 뒤인 1561년에 26세 나이로 진사 시험에 1등으로 합격했고, 27세에는 문과 별시에 1등으로 합격해, 성균관 전적(典籍;정6품)에 제수되었다. 10대에 문과에 급제하거나 사마시(司馬試)에 장원하는 인물들이 많았으니, 송강의 재주로 보아 일찍 급제한 것은 아니다. 물론 집안 형편이 어려워, 공부에 전념할 수 없었기 때문이다.

송강은 뒷날 자기 나이가 되어 과거시험을 치러야 하는 맏아들 기명(起溟)에게 편지를 보내며, 과거시험에 너무 신경 쓰지 말라고 하였다. 시험이 인생의 전부는 아니기 때문이다.

과거시험은 붙건 떨어지건 관계없다

기명에게.
편지가 와서, 잘 있다는 것을 알고 위안이 되었다. 나는 세 번이나 상소를 올려 물러나기를 원하였지만, (벼슬에서 물러나지 말라는) 상감의 말씀이 간절하셨다. 전날 저녁 강의하는 자리에서도 또 벼슬을 바꿔 줄 것을 청하였지만, 도리어 위안하시는 말씀으로 간절히 만류하시며, "경이 비록 벼슬에서 물러나려 하지만, 내 어찌 경이 물러나도록 허락하겠소? 그런 생각은 하지 말고, 나라 일에 마음을 다하시오"라고 하셨기 때문에 아직은 맡은 일을 그대로 보고 있다. 요새 이율곡은 이미 왔고, 우계 성혼도 장차 온다고 하는데, 이후의 결말이 어떻게 되려는지는 모르겠다.
너는 모름지기 고요한 곳을 가려서 거처하며, 번화하고 잡스런 일은 피하거라. 한마음으로 학문만 독실히 하는 것이 옳다. 과거시험 보는 것은 작은 일이니, 붙건

떨어지건 관계없다. 본래 이것을 가지고 영화를 누리거나
치욕을 느끼는 것이 아니다.

〈기기명 寄起溟〉

조선시대 양반에게는 과거시험이 가장 큰일이었다. 특별한 경우
말고는 과거에 급제해야만 벼슬을 얻을 수 있었고, 대대로 벼슬을
얻어야만 양반 신분을 유지할 수 있었다. 3대 이상 벼슬을 얻지 못
하면 자연히 양반에서 도태되기도 하였다. 그러니 과거에 급제할
때까지는 다른 일은 제쳐 놓고 과거 공부만 할 수밖에 없었다.

그러나 송강은 맏아들 기명에게 편지를 보내, 과거시험은 인생
에 있어서 작은 일이니 급제에 집착하지 말고, 한마음으로 학문만
독실히 하라고 하였다. 그가 말하는 학문은 물론 인간수양을 위한
유학이다.

송강은 그야말로 산전수전 평지풍파를 다 겪으며 자랐기에, 과
거시험이 인생의 전부는 아니라고 생각했다. 참다운 학문이 더 중
요하니, 과거시험이야 붙건 떨어지건 관계없음을 그는 절실하게
체험했던 것이다. 그렇지만 이러한 충고도 그가 풍류객이었기에
할 수 있었을 것이다.

기명은 진사에 합격했지만, 이 편지를 받은 뒤에 문과에 급제할
기회도 없이 31세 젊은 나이로 세상을 떠났다.

기명이 집안의 장손이므로, 송강이 아들의 3년상을 치렀다. 송강
은 8월에 아들을 장사지내기 위하여 고향에 와 있었는데, 10월에
마침 정여립의 역모가 발각되어 그 일을 처리하기 위하여 조정에

나아갔다. 아들을 장사지낸 뒤에, 영화와 치욕이 어우러진 벼슬길로 다시 나아간 것이다.

사자는 코끼리를 잡을 때도 전력을 다하며, 토끼를 잡을 때도 전력을 다한다

김정희

조선시대 뛰어난 명필로 손꼽히는 추사(秋史) 김정희(金正熙 : 1786~1856)는 아이들이 시 짓고 글씨 쓰는 공부에 남달리 관심을 기울였다. 그래서 아들에게 글씨 공부하는 과정을 차근차근 일러주고, 습작삼아 지은 시까지도 정성껏 읽어보고 평하였다. 습작시들을 한 권의 책으로 묶어 주고, 시집 뒤에다 격려하는 글까지 써 주기도 했다.

무엇보다도 시를 짓는 방법은 특별히 정신적으로 이해해야만 설명될 수 있다. 입으로 깨우치거나 붓으로 전할 수는 없다. 그러니 소동파나 황산곡의 시집을 읽고 또 읽어서 천번 만번에 이르면 저절로 신명이 생겨, 다른 사람에게도 알려 줄 수 있게 된다.

시를 배우면서 가장 주의할 것은 마음가짐이다. 마음이 거칠어도 안 되고, 빨리 하려고 해도 안 되며, 맨손으로 용을 잡으려는 식은 더더욱 안 된다. 사자는 코끼리를 잡을 때도 전력을 다하며, 토끼를 잡을 때에도 전력을 다하는 법이다.

〈제아배시권후 題兒輩詩卷後〉

추사는 글씨를 배울 때 왕희지가 쓴 비석의 탁본을 옆에 놓고 수백 번 연습하는 것처럼, 시를 배울 때에도 훌륭한 시인들의 시집을 읽고 또 읽어서 그들의 시 세계를 익힌 뒤에 시를 지으라고 가르쳤다. 그러면서도 빨리 성공하려는 욕심은 버리라고 타일렀다. 몇 번 읽어 보았다고 해서 그와 비슷한 시를 지으려다가는 제대로 흉내 내지도 못하기 때문이다. 사자가 토끼 사냥하는 이야기는 정말 실감나는 비유이다. 짐승의 왕이라는 사자도 토끼 한 마리를 사냥할 때 온 힘을 다하는 법이니, 아직 글씨를 제대로 배우지도 못한 어린아이야 더 말해 무엇하랴.

추사는 아들 상우에게 글씨 쓰는 법을 가르치기 위해 편지를 써 보냈는데, 아버지가 아들에게 써 보낸 이 한 장의 편지는 서도입문(書道入門)의 방법을 소개한 한 편의 교과서이기도 하다. 자기 아들을 직접 가르치려면 뜻대로 안 되어 화만 나고 부자간에 의가 상하기 때문에, 흔히 자식을 바꿔서 가르친다고 한다. 역자교지(易子敎之)란 말이 바로 그런 경우이다. 그런데 추사는 제자를 대하는 심정으로, 글씨 배우는 방법을 하나하나 친절하고도 차분하게 가르쳤다. 마주 앉아서 가르친 것이 아니라, 편지로 써서 가르쳤기 때문에 차근차근 설명할 수 있었을 것이다.

가슴 속에 문자향과 서권기부터 갖는 것이 예법이다

상우에게

서법은 〈예천명 醴泉銘〉이 아니면 손을 들여놓을 수가 없다. 이미 조이제 때부터 〈예천명〉을 해법(楷法)의 표준으로 삼았으니, 그때라고 어찌 왕희지가 쓴 〈황정경 黃庭經〉이나 〈악의론 樂毅論〉이 없었으랴만, 다 돌고 돌면서 잘못되어 준칙을 삼을 수가 없으니, 비석의 탑본에서 진적을 취하는 것만 같지 못하기 때문이다. 그래서 (글씨를 배우는 사람들이) 어쩔 수 없이 머리를 숙이고 예천이나 화도(化度)의 비석을 찾아 나아가게 된 것이다.

화도의 원래 비석은 지금 남아 있지 않고, 송나라 시대의 탑본인 범씨서루본(范氏書樓本)이 있지만 우리나라 사람이 얻어 볼 수는 없다. 예천의 비석은 탑본이 그대로 남아 있으니, 비록 많이 낡고 부스러졌다고 하더라도 이 탑본이 아니면 종요(鍾繇)나 색정(素靖)의 옛법을 거슬러 올라갈 수가 없다. (글씨를 배우려는 사람이) 어찌 이러한 길을 버리고 다른 방법을 구한단 말이냐.

네가 "겨우 두어 글자를 쓰면 글자마다 따로 놀아서, 끝내 한 가지가 되지 않는다"고 했었지. 이 말은 바로 네가

(서예가의) 문에 들어갈 수 있는 진경(進境)에 서 있다는
뜻이다. 반드시 마음을 가다듬고 힘써 따르며, 꾹 참고 이
관문을 넘어서야만 유쾌하게 깨달음을 얻게 될 것이다.
이 과정이 잘 이뤄지지 않는다고 해서 물러서지 말고,
더욱더 공력을 쌓아 나가야 한다. 나는 60년이 되어도
아직 한 가지로 되지 않았으니, 하물며 너 같은 초학자야
말할 것이 있겠느냐?

그러나 나는 너의 이 말을 듣고서 매우 기뻤다. 이 한
마디 말에 반드시 소득이 있을 것이라고 생각한다.
절대로 범연히 보지 말고 부질없이 지내지 말아라.
그러면 묘체(妙諦)가 될 것이다.

예서(隷書)는 바로 서법의 조가(祖家)이니, 만약 서도에
마음을 두고자 하면 예서를 알아야 한다. 그 법은 반드시
방경(方勁)과 고졸(古拙)을 상책으로 삼아야 하는데,
졸(拙)한 경지가 쉽게 얻어지는 것은 아니다. 한나라
예서의 묘(妙)는 오로지 졸한 곳에 있다.

사신비(史晨碑)는 참으로 좋으며, 이밖에도
예기(禮器) · 공화(孔和) · 공주(孔宙) 등의 비석이 좋다.
그러나 촉도(蜀道)의 여러 각이 매우 고아(古雅)하니,
반드시 이쪽으로 들어가야만 속예(俗隷) · 범분(凡分)의
두 가지 모습과 시장바닥 같은 기운이 없어질 수 있다.
가슴 속에 맑고 옛스러운 뜻이 들어 있지 않으면 예법이
손에서 나올 수 없으며, 맑고 옛스러운 뜻이 있어도 또
가슴 속에 문자향(文字香)과 서권기(書卷氣)가 들어 있지

않으면 팔뚝 아래와 손가락 끝에서 발현되지 않으니,
(그렇게 해서 나오는 예법은) 심상한 해서 같은 것에 비할
바가 아니다. 그러니 가슴 속에 문자향과 서권기부터
반드시 갖추는 것이 예법의 기본이며, 예서를 쓰는
신결(神訣)이 된다.

요즘은 조지사나 유기원 같은 분들이 예법이 깊지만,
문자기(文字氣)가 적은 것이 한스럽다. 이원령은
예법이나 화법에 다 문자기가 있으니, 시험삼아 그의
글이나 그림을 살펴보면 문자기가 있는 것을 깨달을 수
있을 것이다. 그런 뒤에 글씨를 써 보아라. 집에
예첩(隸帖)이 여러가지로 수장되어 있다. 〈서협송 西狹頌〉
같은 것은 촉도(蜀道) 제각(諸刻)의 좋은 예이다.

우리나라에는 난초 그림을 잘 그리는 작가가 오랫동안
없었다. 그런데 선조(宣祖)의 어화를 보니 하늘에서
타고난 솜씨로 잎 붙이는 식과 꽃 만드는 격이 정소남의
법과 아주 비슷하다. 그 무렵에 송나라 사람이 난 그리던
화법이 우리나라에 흘러 들어왔는데, 어화(御畵)도 역시
그를 임방(臨倣)한 것이다. 소남의 그림은 중국에도
드물게 전하며, 요즘 익히는 것은 원나라나 명나라
이후의 법이다.

비록 그림을 잘 그리는 자가 있긴 하지만, 다 난(蘭)을 잘
그리지는 못한다. 난은 화도(畵道)에 있어 특별히 한 격을
갖추어야 하니, 가슴 속에 서권기를 지녀야만 (난초를
그리기 위해서) 붓을 댈 수 있는 것이다.

옛사람은 난초를 그려도 한두 폭에 지나지 않았다. 다른 그림같이 여러 폭을 잇달아 그리지는 않았다. 이는 우격다짐으로 되는 것이 아니다. 세상에서 난 그림을 요청하는 자들 가운데는 이 경지가 매우 어렵다는 것을 모르는 자도 있다. 많은 종이를 가지고 와서, 심지어는 팔첩(八疊)을 그려 달라고 억지로 청하는 자도 있지만, 나는 그렇게 하지 못한다고 사절할 뿐이다.

　　추사는 글씨에 천부적인 재능을 타고나서, 일곱 살 때 대문에 써 붙인 '입춘대길 立春大吉' 글씨가 재상 채제공의 눈에 띄어 크게 칭찬받기도 했다. 그 뒤 북학파 실학자인 박제가가 그의 글씨를 보고, 청나라에 들어가서 많은 글씨들을 넓게 구경하라고 권하였다. 이미 청나라에 세 차례나 다녀왔던 박제가는 글씨도 중국 본토에 가서 배워야 할 필요성을 누구보다도 먼저 느꼈던 것이다.

　　그런데 마침 1809년에 아버지 김노경이 동지사(冬至使)의 부사(副使)로 청나라에 들어가게 되어, 추사도 수행원으로 따라갔다. 당시에는 두 나라 사이에 마음대로 오갈 수 없었으므로, 사신의 일행으로 따라가는 길만이 중국 구경을 할 수 있는 유일한 방법이었다. 중국에 첫발을 디딘 그를 감격시킨 것은 만리장성이나 자금성 같이 커다란 건축물이 아니라, 그의 목마름을 달래 줄 석학들과의 만남이었다. 그는 이때 글씨에 대하여 새롭게 눈을 떴는데, 뒷날 제자의 질문에 이렇게 편지하였다.

나는 어려서부터 글씨에 뜻을 두었는데, 24세에 북경에
들어가 이름난 여러 석학들을 뵙고, 그들에게서 서론을
들었다. (중략) 한나라나 위나라 이하의 금석문자는 수천
종이나 되는데, 종요(鍾繇)나 색정(索靖) 이상으로 거슬러
올라가려면 반드시 북비(北碑)를 많이 보아야 한다. 나도
그때 비로소 처음부터 변천되어 내려온 원류의 시작을
알게 되었다.

우리나라에도 글씨를 가르치는 스승과 명필이 있었으며, 서첩
(書帖)도 많았지만, 원류를 보여줄 수 있는 서첩은 없었다. 당대 최
고의 서예가는 이미 원교체(圓嶠體)로 이름을 날리고 있던 이광사
였는데, 추사는 뒷날 이광사의 서론(書論)인 《원교필결 圓嶠筆訣》
의 발문을 쓰면서, 이광사의 글씨가 격이 낮은 이유를 이렇게 비판
하였다.

"그러나 이것이 어찌 원교의 잘못이겠는가. 그는 천품이 남보다
뛰어났지만, 재주만 있고 배움이 없었다. 그에게 배움이 없었던 것
도 또한 그의 잘못은 아니다. 고금 법서(法書)의 선본(善本)을 볼
수 없었고, 또 올바른 법을 알고 있는 대가에게 나아가 배울 수 없
었기 때문이다."

추사는 중국에 들어가 넓은 대륙에 수천 년 동안 쌓여 온 선본
서첩들을 보고, 훌륭한 스승들에게 글씨를 배울 수 있었기에, 우물
안 개구리를 벗어날 수 있었다. 또한 그랬기에 이광사의 글씨에 대
해서 그러한 비판을 할 수 있었던 것이다.

추사는 아들 상우에게 왕희지의 글씨를 준칙으로 삼으라고 가르쳤다. 그러나 세상에 떠도는 수많은 왕희지의 글씨 가운데 어느 것이 정말 왕희지의 글씨인지를 알 수 없었다. 이름만 왕희지의 글씨라고 하는 것을 배웠다가 나쁜 버릇이 몸에 배일 염려도 있었고, 정말 왕희지의 글씨라고 하더라도 초학자가 배우기에는 너무 어려운 경우가 있었기 때문이다.

그래서 추사는 아들에게 왕희지의 〈예천명〉을 보고 연습하라고 권하였다. 서첩들은 천여 년 동안 돌고 돌면서 잘못되었을 수 있으나, 비석의 탑본은 옛날 글씨 그대로이므로 왕희지의 진수를 느낄 수 있기 때문이다. 추사가 청나라에 들어가서 보고 배운 것이 바로 비석의 탑본이었다. 추사는 이때부터 금석문(金石文)의 고증학에도 눈을 떠, 그때까지도 무학대사의 비석이라고 잘못 전해 왔던 북한산 비봉의 비석이 바로 신라 진흥왕 순수비였음을 밝혀 내기도 했다.

추사는 또한 아들에게 손가락 끝으로만 글씨를 쓰지 말고, 가슴속에 문자향과 서권기부터 갖추라고 하였다. 그러한 바탕에서 글씨를 써야만 맑고 옛스러운 글씨가 나온다는 것이다. 추사는 제자인 홍선대원군 이하응에게도 편지를 보내 "가슴 속에 오천 권의 책을 읽어 품은 것같이 되면, 팔뚝 아래로 금강신(金剛神)이 모두 좇아 들어올 것이 틀림없다"고 하였다. 이는 글씨를 배우기 전에 수많은 책부터 읽어야 문자향과 서권기가 우러나오는 글씨를 쓸 수 있다는 뜻이다.

추사는 중국에서 구해 온 수많은 서첩들이 집에 있다고 아들에게 소개하였다. 멀리 나가서 스승을 구할 필요 없이, 바로 집안에 스승과 교과서가 다 있었던 것이다. 상우는 집안에서 훌륭한 서첩들을 맘껏 보고, 훌륭한 스승인 아버지에게 가르침을 받으며, 오랫동안 글씨 공부를 했다. 뒷날 추사가 제주도로 유배 갔을 때에도 따라가 수발을 들며, 스승과 제자처럼 글씨를 가르치고 배웠다. 좋은 아버지는 언제나 좋은 스승이기도 한 것이다.

아비와 자식이 스승과 제자가 되는 것도
또한 즐겁지 않겠는가

정약용

학문을 좋아하여 다산을 지켜주던 정조가 세상을 떠나자, 다산 정약용은 천주교 신자라는 죄명을 쓰고 감옥에 갇혔다. 약전·약종·약용 3형제가 함께 갇혔는데, 셋째 형 약종은 옥살이를 하던 중에 처형되었다. 남은 두 형제는 1801년 2월 27일 밤에 옥에서 끌려나와, 둘째 형 약전은 전라도 완도군 신지도로, 다산은 경상도 장기(지금의 영일군)로 귀양길에 올랐다.

이때 다산의 숙부와 형제들은 남대문 밖에 있는 석우촌까지 배웅 나오고, 아내와 자식들은 한강 남쪽에 있는 사평촌까지 배웅 나왔다.

다산의 3형제가 모두 천주교인으로 체포되어 고문받다가 1명은 죽고, 2명은 변방으로 귀양가게 되었으며, 그 아들들도 과거시험에 응시할 수 없게 되었으니, 일가가 망한 것이나 마찬가지였다. 머리가 희끗희끗한 숙부들이 귀양가는 다산 형제를 따라 석우촌까지 왔다가 헤어지게 되었는데, 다산은 그 슬픈 이별을 이렇게 시로 표현하였다.

쓸쓸해라 석우촌이여.
앞에는 세 갈래 길이 있구나.
두 말이 울면서 서로 장난치니
제 갈 길도 모르는가 보네.
한 마리는 남으로 가고
또 한 마리는 동으로 가야 한다네.
숙부님들 머리엔 백발이 성성하고
큰형님도 눈물 흘려 뺨을 적시네.
젊은이야 기다리면 만날 날도 있겠지만
노인네야 앞일을 그 누가 알랴.
잠깐만 더, 조금만 더 하는 사이에
해는 벌써 서산으로 기울어졌네.
이젠 가야지, 뒤돌아보지 말고
앞으로 다시 만날 기약이나 다짐해야지.

〈석유별 石隅別〉

다산은 이때 아내와 둘째 형수의 핼쑥한 모습을 마지막으로 보았다. 남도 길을 걸어서 내려간 다산은 2월 그믐날은 죽산에서 자고, 3월 초하룻날은 가흥에서 잤다. 그리고 그 이튿날에는 하담에

도착하여 아이들에게 편지를 보냈는데, 아내의 건강을 염려하였다.

다산은 유배지로 떠나기 전에 몹시 심하게 고문받았다. 당시에 천주교를 믿었다는 것은 체제를 부정하는 죄인 데다, 정조 임금마저 세상을 떠난 뒤였기에, 아무도 변호해 주는 사람이 없었다. 오죽하면 셋째 형 약전이 옥살이를 하다가 처형당했겠는가.

너희들 편지를 받으니 마음이 한결 놓이는구나

다산은 첫 유배지인 장기에 도착한 뒤에도 계속 고생하였다. 가혹하게 고문받았던 후유증이 채 낫지 않은 데다, 무거운 죄인이라서 단속이 심했는지 집 밖으로 돌아다닌 이야기도 남아 있지 않다. 그는 오랏줄에 묶인 몸으로 3월 9일 장기 관아에 도착하여 심문을 받고 하룻밤을 지낸 뒤에, 마산리에 도착하여 11일부터 성선봉이라는 늙은 포졸의 집에다 주인을 정하고 10월 20일까지 7개월 10일 동안 지냈다. 그러나 시를 짓고 책을 쓰며 몸을 추슬렀을 뿐, 주변을 돌아다니면서 경치를 즐겼다거나 제자들을 가르쳤다는 기록은 남아 있지 않다.

이 무렵 다산에게 위안이 되는 것이라곤 아이들에게 편지를 써보내는 일과, 아이들로부터 안부 편지를 받는 일이었다. 그가 장기에서 6월 17일에 보낸 첫 편지를 보자.

> 무척 애타게 기다리던 중에 너희들 편지를 받으니,
> 마음이 한결 놓이는구나. (중략) 내 건강은 약을 먹으면서
> 대충 좋아져서, 가슴이 답답하고 몸을 곧게 펼 수 없었던

증세는 다 나았다. 그러나 왼쪽 어깨만은 아직도
예전같지가 않다.

　그는 이 답장에서 아이들에게 위로와 교훈을 전하기보다, 자기
의 아픈 증세를 이야기하느라 정신이 없었다. 그래서 다른 이야기
를 한 줄 더 쓰다가 "더 이상 적지 않는다"고 끝을 맺었다. 그 뒤에
다시 아이들의 편지를 받고 9월 3일에 답장을 썼는데, 다산의 계산
대로 정확히 82일 만이었다. 아이들의 편지가 얼마나 그리웠으면
날짜까지 다 세어 보았을까.

두 아들에게 부친다.
날짜를 헤아려 보니, 82일 만에 너희 편지를 받았구나.
그 사이에 내 턱의 수염이 일여덟 개나 희어졌단다. 너희
어머니에게 병이 생겼으리라고는 짐작하고 있었지만,
큰어머니도 이질을 앓고 난 뒤라서 모습이 더욱
초췌해졌을 테니, 생각할수록 견디기 어렵구나. 신지도의
(작은형님) 일을 말하려면 가슴이 메인다. 반년 동안이나
소식이 막혔으니, 이러고도 한 세상에 살고 있다고 말할
수 있겠느냐. 나는 평지에 앉아 있는데도 이처럼
고생하니, 하물며 (외로운 섬인) 신지도에 계신 형님은
어떻겠느냐?
형수님의 사정도 또한 측은하니, 너희들은 어머니를

섬기듯 해야 할 것이다. 육가(六哥)도 친형제처럼 대하여,
마음을 다해 어루만지고 사랑해 주어라.

내가 밤낮으로 축원하는 것은 오직 문아(文兒)가
독서하는 것뿐이다. 문아가 선비가 될 것을 생각한다면,
내가 더 무엇을 한탄하겠느냐. 밤낮을 가리지 말고
부지런히 글을 읽어서 이 괴로운 마음을 저버리지
말아라. 팔이 저려서 이만 줄인다.

(1801년) 9월 초사흗날.

　　다산은 둘째 형 약전을 스승처럼 받들어, 손암(巽菴) 선생이라고
존칭으로 불렀다. 그런 만큼 둘째 형수의 안부가 더욱 걱정되었으
며, 아들들에게 같은 처지가 된 사촌형제 육가와 친형제처럼 지내
라고 당부하였다. 다산이 귀양길에 오르면서 형제들 사이의 우의
가 더욱 두터워졌음을 알 수 있다. 그러나 신지도로 귀양갔다가 다
시 흑산도로 옮겨진 약전은, 결국 고향으로 돌아가지 못하고 그곳
에서 세상을 떠났다. 그리고 약전의 아들 육가는 나중에 학초라고
이름을 고쳤는데, 공부하기를 좋아했지만 끝내 아버지를 다시 보
지 못하고 17세에 요절하였다. 다산은 그를 위해 〈형자 학초 묘지
명 兄子學樵墓誌銘〉을 지어 주었다.

　　문아는 이 무렵 학문에 뜻을 잃은 듯하다. 임금의 총애를 받던
대학자였던 아버지가 갑자기 귀양길에 오르고 집안이 풍비박산되
는 것을 보고, 앞날에 대한 희망이 무너졌기 때문이었다. 다산은
그럴수록 모든 희망을 아들들에게 걸고, 반드시 글 읽는 선비가 되

라고 당부했다.

나의 학문에 먼저 주관이 서야 한다

당시에 공부하는 방법은 여러가지가 있었다. 몇 번이고 책을 읽어 스스로 깨닫는 방법도 있었고, 책을 베껴 쓰면서 생각하는 방법도 있었으며, 책의 요점을 가려 뽑아서 또 하나의 책을 만드는 방법도 있었다. 그런데 책의 요점을 가려 뽑으려면 그 책에 대한 주관이 먼저 분명하게 서야 한다. 그래야만 그 책의 중요한 뜻을 잃어버리지 않고도 가장 간단하게 뽑아서 정리할 수 있는 것인데 이런 공부를 계속하면 독해력과 문장력이 나아진다. 다산은 두 아들의 질문에 답하며, 바로 이 초서(鈔書)의 방법을 제시하였다.

두 아들에게 답한다.
책을 가려 뽑는〔鈔書〕방법은 나의 학문에 먼저 주관이
서야 한다. 그런 뒤에라야 옳고 그름을 판단할 수 있는
저울이 마음속에 생겨서, 여러 내용들을 어렵지 않게
취하고 버릴 수가 있다. 지난번에 학문하는 요령을 말해
주었는데, 네가 분명 잊어버린 모양이다. 그렇지 않다면
무엇 때문에 초서하는 법을 의심하여 이런 질문을
했겠느냐.
언제나 책을 읽으면서 학문에 보탬이 될 만한 것이
있으면 뽑아 모으고, 그렇지 않은 것에는 눈을 붙이지
말아야 한다. 이렇게 한다면 비록 책이 백 권이나 있다

하더라도 열흘 공부에 지나지 않을 것이다.

《고려사》에 대한 공부는 아직도 손대지 않았느냐? 젊은

사람에게 먼 생각과 통달한 견해가 없으니, 탄식할

노릇이다. 네 편지 가운데 의심나거나 모르는 부분을

질문할 사람이 없다고 한탄하였었지? 정말 네 마음에

참으로 의심나서 견딜 수 없고 생각나서 참을 수 없다면,

어찌 조목조목 기록해서 인편에 보내 오지 않느냐?

아비와 자식 사이에 스승과 제자가 되는 것도 또한

즐겁지 않겠느냐.

　유배지에 있는 다산이 고향집에서 공부하는 두 아들에게 보낸 편지들을 살펴보면, 아들들이 공부하는 방법이 마음에 들지 않은 듯하다. 아들들이 다산에게 질문한 내용이 무엇인지는 알려져 있지 않지만, 다산이 가르쳐 준 방법대로 공부하지는 않은 듯하다. 다산은 수많은 경전을 읽으면서 중요하다고 생각되는 내용은 가려 뽑아 베꼈고, 의심나는 부분에 대해서는 자신의 생각을 덧붙여 설명하였다. 그래서 유배지에 있는 동안에도 수백 권이나 되는 책을 쓸 수 있었다.

　그런데 이 방법을 아들들에게 가르쳐 주었지만, 그들은 중요한 내용은 빠뜨리고 덜 중요한 내용을 베껴 썼다. 또 다산이 책 백 권을 열흘에 다 정리하는 방법을 터득하고 가르쳐 주었건만, 아들들은 그 방법을 따르지 못했다.

　아들들은 아버지에게 편지를 보내면서, 의심나는 부분을 물어

볼 마땅한 스승이 없다고 핑계대었다. 그러자 다산은 자신이 스승이 되겠다고 자청하였다. 책을 읽다가 모르는 부분이 있을 때 조목조목 기록해 두었다가, 아버지에게 편지를 보낼 때마다 함께 부쳐 오면, 답장을 써서 보내겠다고 하였다. 다산은 아비와 자식 사이에 스승과 제자가 되는 것도 즐거운 일이라고 했으니, 유배지에 있는 아버지로서 할 수 있는 최대한의 교육적 배려를 한 셈이다. 군사부일체(君師父一體)라는 말이 있듯이, 아버지로서만이 아니라, 스승으로서도 책임을 다하겠다고 나선 것이다.

유배지의 생활이 익숙해지고 장기화되자, 다산은 작은아들을 강진으로 불러서 함께 지내며 글을 가르쳤다. 교통이 불편하던 시절에 이따금 보내 오는 편지만으로는 자식들의 학문을 지도해 줄 수 없었기 때문이다. 학연과 학유 형제는 이제 집을 떠나 스승을 찾아다닐 나이가 되었으나, 다산이 유배 생활을 하는 동안 집안 살림이 말이 아니어서 스승을 찾아다니며 공부할 형편도 안 되는 데다가, 다산이 10년 가까이 되는 유배 생활을 혼자서 이겨 내기 힘들었으므로, 작은아들을 강진으로 불러들였다.

다산이 작은아들을 강진으로 불러들인 가장 큰 이유는 아들의 스승이 되고 싶었기 때문이다. 오랫동안 아버지가 집에 없어서 가정교육이 걱정되었으므로, 유배지에라도 불러다 함께 지내려 했던 것이다. 과연 다산의 작은아들은 아버지와 함께 지내면서 학문이 나날이 발전하였다. 그래서 다산은 이번에는 큰아들을 불러들이려고 편지를 썼다.

연아에게 부친다.

너는 학문할 수 있는 나이가 점점 지나가고 있구나. 집안 형편으로 보아서는 마땅히 집을 떠나 유학해야 하겠으니, 이곳으로 와서 나와 함께 지내는 것이 가장 좋겠다.

그러나 부녀자들은 대의를 알지 못하니, (네 어머니가 너를) 반드시 놓아 주기 어려워할 것이다.

네 아우의 문학과 식견이 바야흐로 봄기운이 돌아 초목에 싹이 돋는 듯한 기세가 있으니, 차마 네 공부를 위해서 네 아우를 보내고 너를 오게 할 수는 없겠다. 지금 생각으로는 경오년(1810) 봄에나 네 아우를 돌려보내려 한다.

너는 그 전까지 세월을 헛되게 보내려느냐? 여러가지로 생각해서, 집에 있으면서도 공부할 길이 있거든 네 아우가 돌아갈 때까지 기다렸다가 아우와 교대하여 이곳으로 오너라. 만약 사정상 전혀 공부할 길이 없거든, 내년 봄 날씨가 따뜻해진 뒤에 모든 일을 제쳐 놓고 여기로 내려와서 네 아우와 함께 공부하도록 하여라. 첫째는 나날이 마음씨가 나빠지고 행동이 비루해지니, 여기에 와서 교육받아야 하겠다. 둘째는 안목이 좁아지고 지기(志氣)가 상실되어 가니, 여기로 와서 교육받아야 하겠다. 셋째는 경학(經學)이 조잡해지고 식견이 없어져 가니, 여기로 와서 교육받아야 하겠다. 소소한 사정은 돌아볼 필요가 없다.

이 편지는 다산이 1808년 겨울에 부친 것이다. 맏아들 학연은 1783년 9월에 태어났으니, 이 편지를 받을 때는 26세였다. 상황이 다르긴 하지만, 다산은 22세에 회시(會試)에 합격하여 생원이 되었으며, 23세에는 정조 임금에게 〈중용강의 中庸講義〉를 바쳤다. 또 26세에는 중희당으로 불려가서 정조 임금으로부터 《병학통 兵學通》이라는 책을 하사받고, "겸유장재(兼有將才) 특사차서(特賜此書)"라는 교(敎)까지 받았다. 정조 임금은 그가 다른 문인 학자들과는 달리, 병법에도 뛰어난 인물임을 파악하고 병법책을 하사하며 칭찬했던 것이다.

다산이 맏아들더러 학문할 나이가 점점 지나가고 있다고 경고한 것은 자신이 학문했던 시절을 돌이켜보는 말이기도 하다. 그렇지만 유배지를 떠나 아들들을 끌고 다닐 수도 없었으므로, 답답한 마음을 달래며 "내후년 봄에 내게로 와서 글을 배워라"라고 권면하였다. 그때쯤 되면 작은아들의 학문이 어느 정도 마무리될 듯하기에, 어머니를 모시고 집안 살림을 하는 맏아들을 불러다 가르치고 싶었던 것이다.

다산의 편지를 보면, 다른 유학자들과는 달리 아내를 섬세하게 배려하는 마음을 엿볼 수 있다. 다른 편지에서도 아내의 마지막 모습을 표현하면서 건강을 물었고, 며느리들에게도 부엌에 자주 들어가 어머니가 마음 상하지 않게 해 드리라고 권면하였다. 이 편지에서도 맏아들을 무턱대고 불러들이지 않고, 맏아들마저 곁에서 떠나 보내고 싶어하지 않을 아내의 마음부터 배려하였다.

다산은 아들들에게 보내는 편지에서 이따금 두 아들의 재주를 비교했는데, 사실은 자신의 학문과 비교하며 나무라고 싶었을 것이다. 그러나 다산은 아들들이 지닌 장점을 칭찬하며 격려하였다. 이 편지 앞부분에서도 "네 동생 학유의 재주는 너에 비하면 조금 부족한 것 같다. 그런데 금년 여름 고시(古詩)와 운이 안달린 부(賦)를 짓게 했더니 좋은 작품들이 많이 나왔다"고 칭찬하였다. 첫 줄만 읽으면 편지를 받아 보는 맏아들을 칭찬하는 듯하지만, 끝까지 읽어 보면 재주가 조금 못한 작은아들이 아버지와 함께 머물면서 공부하다 보니 좋은 작품을 짓게 되었다는 말이다. 둘 다 칭찬하면서도, 서로 경쟁적으로 공부하게 이끌어 주는 모습은 정말 사려 깊은 스승의 모습이기도 하다.

다산은 위의 편지에서도 작은아들의 학문이 얼마나 나아졌는지 설명하고는, 맏아들이 와서 공부해야 할 이유를 낱낱이 들어가며 설명하였다. 이 편지를 받아 보고 오지 않을 수 없게 만든 것이다. 그러나 다산이 아우보다 재주가 낫다고 칭찬했던 맏아들 학연은 끝내 특별한 인물이 되지 못했지만, 작은아들 학유는 〈농가월령가〉를 지어 이름을 남겼다.

훌륭한 집안의 좋은 벼슬도 청귀함과는 바꿀 수 없나니

나는 천지간에 외롭게 살면서 오직 문장만 의지하고
운명으로 삼을 뿐이다. 어쩌다 마음에 드는 한 구절 또는
한 편의 글을 짓게 되면, 나 혼자서 감상하다가 곧,
"이 세상에서 오직 내 아이들에게만은 보여 줄 수가
있겠구나"라고 생각한단다. 그런데 너희들은 나의 이러한
문장을 연나라나 월나라처럼 소홀하게 여기고, 문자

보기를 쓸데없는 변모처럼 여기는구나. 세월이 흘러서 몇
해를 지나면, 너희들도 나이가 들어서 기골이 장대해지고
수염도 길게 자라, 얼굴을 대해도 미워질 것이다.
그때에도 이 애비의 글을 읽으려고 하겠느냐?
나는 조괄이 자기 아버지의 글을 잘 읽었으니 훌륭한
아들이라고 생각한다. 너희들이 만일 독서하지 않는다면
내 저서가 쓸데없이 될 테고, 내 저서가 쓸데없이 되면
나는 할 일이 없게 될 것이다. 장차 눈을 감고 마음도
쓰지 않아 흙으로 만든 우상처럼 될 테니, 나는 열흘도 못
되어 병이 날 테고, 병이 나면 고칠 약도 없을 것이다.
그렇다면 너희들이 독서하는 것이 내 목숨을 살리는 일이
아니겠느냐? 너희들은 이 일을 생각하여라.
내가 지난번에도 여러 차례 말했었지. 청족은 비록
독서하지 않더라도 저절로 존경받게 되지만, 폐족이 되어
학문에 힘쓰지 않는다면 더욱 미움받지 않겠느냐? 다른
사람들이 천시하고 세상에서 비루하게 여기는 것도
슬픈데, 지금 너희들 스스로 (아비의 글을 읽지 않아)
자신을 천시하고 비루하게 여기고 있구나. 이는 너희들
스스로가 비통하게 만드는 것이다. 너희들이 끝내 배우지
않고 스스로 포기해 버린다면, 나의 저술과 간추려 뽑아
놓은 것들을 장차 누가 모아서 책으로 엮고 바로잡아
보존하겠느냐? 너희들이 그렇게 할 수 없다면, 나의 글이
끝내 전해질 수가 없을 것이다.
내 글이 전해지지 못한다면, 후세 사람들이 다만

사헌부의 탄핵문과 재판 기록만을 가지고 나를 평가할
것이다. 그러면 내가 장차 어떠한 사람이 되겠느냐?
너희들은 아무쪼록 이 점을 생각해서, 분발하여 학문에
힘써라. 나의 이 한 가닥 문맥이 너희들에게 이르러 더욱
커지고, 더욱 왕성하게 하여라. 그렇게 되면 훌륭한
집안의 좋은 벼슬도 이러한 청귀(淸貴)함과는 바꿀 수가
없을 것이다. 그런데 무엇 때문에 이를 버리고 도모하지
않느냐?

조괄은 전국시대 조나라의 명장인 조사의 아들인데, 자기 아버
지의 병서(兵書)를 읽고 병법을 배웠다. 다산은 세상이 자기를 버
려도 아들들이 조괄처럼 자기의 글을 읽어 참다운 독자가 되기를
원하였으며, 그 글을 통해서 자기를 이해해 주기 바랐다. 사헌부의
탄핵문과 재판 기록만 전해져, 자신이 만고의 죄인으로 기억되기
를 바라지 않았다. 자신은 귀양가서 세상에 쓰여지지 않은 채로 일
생을 보내더라도, 아들들이 정리해서 후세에 전한 자신의 저술을
통해, 자신의 학문과 경륜이 세상에서 평가받고 쓰여지기를 바랐
던 것이다. 다산은 망해 버린 집안의 자식들이 지닐 재산이라곤 아
비의 문장밖에 없음을 알았다.

그러한 문장이라도 남아 있어야, 뒷날 다시 사대부 집안으로 남
게 될 수 있기 때문이다. 아버지의 편지대로 두 아들은 다산의 글
을 열심히 읽었으며, 원고들을 잘 정리하고 보관하여 민족문화의
귀중한 유산으로 남겼다.

바른 학문은 이루기 어렵고
지극한 도는 듣기 어려우니

정제두

　하곡(霞谷) 정제두(鄭齊斗 : 1649~1736)는 조선조 양명학을 확립한 학자이다. 하곡은 우의정 정유성의 손자이자, 호조판서 이기조의 외손자로 명망가에서 태어났지만, 몇 차례 과거에 낙방하자 24세부터는 과거시험 공부를 그만두고 학문 연구에만 전념하였다. 벼슬을 위한 과거시험 공부와 인격 수양을 위한 학문 연구는 길이 다르다고 생각했기 때문이다.

　하곡은 과거에 급제하지 못했지만, 문벌이 좋아 높은 벼슬에 올랐다. 32세에 영의정 김수항이 천거하여 사포서 별제에 임명된 뒤에 74세에 사헌부 대사헌까지 올랐고, 78세에는 조정에서 양명학을 한다고 배척받았지만 영조가 그를 보호해 주었다. 또한 80세에 의정부 우참찬, 88세에는 세자이사(世子貳師)까지 역임하였다.

　당시의 도학은 정통주의적 신념에서 양명학을 이단으로 배척하였으나, 그는 확고한 신념으로 양명학의 이해를 체계화시키고 양명학파를 확립하였다. 그는 주자학의 권위주의적 학풍을 비판하며, "오늘날에 주자의 학문을 말하는 자는 주자를 배우는 것이 아니라 곧 주자를 핑계대는 것이요, 주자를 핑계대는 데에서 나아가 곧 주자를 억지로 끌어다 붙여서 그 뜻을 성취시키며, 주자를 끼고 위엄을 부려서 사사로운 계책을 이루려는 것이다"라고 지적하였다.

하곡은 조카 준일(俊一)이 과거공부에 뜻을 두지 않고 순수한 학문 연구에만 전념하다 형들의 꾸지람을 받고 하소연하는 편지를 보내자 "우선은 과거공부를 할 수도 있는 것이다"라고 타일렀다.

조카 준일에게 답한다.
학문하는 데에는 여러가지가 있다. 공자가
자하(子夏)에게, "너는 군자의 선비가 되고, 소인의
선비가 되지 말라"고 한 것을 보면, 성인의 실학(實學)을
얻지 못하고 한갓 허울 좋은 겉치레만 숭상하는 것은
학문하는 이유가 아니다. 《소학》과 《가례 家禮》는 참으로
절실한 입문의 길이다. 모름지기 부지런히 독습하고,
이따금 (그 결과를) 알려 다오.
너의 형들은 또 과거를 폐하지 않으려고 하니, 이는
인정상 그러하지 않을 수 없는 일이다. 너도 여러 형들의
말을 힘써 따라, 한두 가지 가까운 과거에 우선 응하여 그
뜻을 만족시켜라. 그리고 나서 중도를 얻도록 조절하여,
실지의 공부를 게을리 하지 않는 것이 어떨까 생각한다.
바른 학문은 이루기 어렵고 지극한 도는 듣기 어려우니,

후생 젊은 사람들은 여기에 뜻을 두고 오직 힘에 맞추어
처리할 뿐이다. 네가 만약 공부가 바르고 실해지면,
형들도 어찌 억지로 과거공부만 하라고 책망할 수
있겠느냐?

하곡이 말한 성인의 실학은 겉치레 위주의 학문이나 과거시험
공부가 아니라 사람이 되기 위한 참공부를 가리킨다. 좁은 의미로
말하자면, 그가 심취하였던 양명학이라고도 볼 수 있다.

하곡은 왕수인의 심즉리설(心卽理說)을 받아들여, 주자가 마음
〔心〕과 이(理)를 구별한 견해를 비판하였다. 그는 마음과 이의 일
치뿐만 아니라 이와 기(氣)의 이원화도 거부하고, 이기합일론을
주장하였다. 이처럼 이가 따로 존재할 수 없기에 이가 공허하지 않
고 실(實)이 있게 된다고 주장한 것이다.

그러나 그러한 학문은 과거공부와는 거리가 멀었기에, 관직에
진출하기 위해서는 일단 과거시험 공부를 하라고 조카에게 권하
였다. 자신은 젊은 시절에 과거공부를 포기하고 참학문에 힘썼지
만, 준일의 형들처럼 과거공부에 힘쓰는 것이 조선사회에서는 현
실적인 공부였던 만큼, 준일에게도 일단 과거공부에 힘써 급제한
뒤에 다시 참다운 공부에도 힘써 중용을 지키라고 권면한 것이다.

조선시대 양반 집안의 젊은이들은 당연히 과거시험 공부를 했는
데, 그 기간은 지금의 고등학교 과정처럼 3년이 아니라, 기약이 없
었다. 뛰어난 사람들은 10대 후반에도 문과에 급제한 예가 있지만
보통 20대 중반에 급제했으며, 5,60대에 급제한 예도 있다. 보통 사

람이 문과에 급제하기까지는 25년에서 30년 정도 걸렸다고 하니, 정말 지겨운 시험공부였다. 백범 김구가 조선조 마지막 과거시험을 치렀는데, 그때 한쪽에서는 환갑이 넘어 백발이 성성한 늙은이들이 모여서 시험을 치렀다고 한다. 당시 양반들에게는 과거시험에 급제하여 벼슬을 얻는 것 외에는 다른 선택의 여지가 없었다. 조선조에는 직업을 흔히 사(士)·농(農)·공(工)·상(商)으로 나눴는데, 양반들이 차마 농사꾼이나 장사꾼으로 전락할 수는 없었기 때문이다. 한 번 장사꾼으로 떨어지면 그 후손들도 계속 과거시험에 응시할 자격이 없어지기 때문에, 평범한 양반들은 평생 실업자 노릇을 하면서라도 과거시험 공부를 계속하는 수밖에 없었다.

그런데 조선시대 지배층들은 자신들이 계속 권력을 유지하기 위해서 세 가지 특권을 가졌다.

첫째, 3품 이상 관원의 자손이나 청요직(淸要職)을 역임한 양반의 아들이 20세가 되면, 아버지나 할아버지의 관품에 따라 종9품에서 정7품에 이르는 벼슬을 받을 수 있었다. 이렇게 얻은 벼슬은 아버지의 그늘 덕을 보았다고 해서 음직(蔭職)이라고 한다.

둘째, 보통 양반들은 사마시(司馬試)에 급제하여 생원이나 진사가 되어야 성균관에 입학하여 공부했지만, 문음자손(門蔭子孫)들은 승보시(升補試)를 거치지 않고도 성균관에 들어갈 수 있었고, 각사남행(各司南行) 및 양반숙위군(兩班宿衛軍)에 들어가 일정한 복무 기간을 마치면 수령 등으로 진출할 수 있었다.

셋째, 문·무과 급제자들은 성적에 따라 종9품에서 종6품까지 벼슬을 받았는데, 기왕에 관품을 받은 사람은 그 관품에서 1~4계(階)씩 승진시켜 주었다. 따라서 이들은 누구보다도 빨리 고급 관료로 승진할 수 있었다.

즉 배경이 든든한 양반들은 과거시험을 보지 않고도 벼슬할 길이 얼마든지 있었던 셈이다. 그래서 몇 년씩 과거공부를 하다가 지치면, 잠시 다른 생각이 나기도 했다. 일이십 년씩 기약 없는 과거시험에 세월만 헛되게 보낼 것이 아니라, 편하게 벼슬이나 얻어 한 세상 살고 싶은 생각이 났던 것이다.

하곡도 과거시험을 포기하고, 조상 덕분에 벼슬을 얻었다. 그러나 하곡은 과거시험이 너무나 힘들어서 포기하고 쉬운 길을 찾아간 것이 아니라, 그가 전념했던 양명학이 당대의 주류였던 성리학과는 달랐기에 맞서 싸울 수가 없어서 피해 갔던 것이다. 그는 과거시험을 포기했지만 영의정의 추천으로 32세에 사포서 별제라는 종6품 벼슬을 얻었다. 종6품은 문과에 합격하고도 빨리 얻기 어려운 품계로, 지방 현감이 바로 종6품이었다. 그러나 쉽게 첫 벼슬을 얻은 것에 비하여 승진은 더뎠다. 과거에 급제한 이들은 빠르면 50대에 재상을 지냈는데, 그는 74세에야 종2품 대사헌이 되었으며, 80세에 정2품 우참찬이 되었다.

그는 자신이 어렵게 걸어온 길을 돌이켜보면서, 조카들에게는 일단 과거시험부터 보라고 충고하였다. 조선사회에서 과거에 급제하지 않고는 벼슬 생활하기가 너무나 힘들었기 때문이다. 승진도 더딘 데다, 제한은 많고 기회는 적었다. 자신은 그나마 학문이 뛰어나 영조 같은 임금의 보호를 받았지만, 조카들은 그럴 만한 인물도 아니었다.

조선사회에서 양반들이 과거시험을 부정하면 선택할 길이 세 가지 있었다. 첫째는 도학자가 되어 제자들을 가르치는 길이고, 둘째

는 현실정치와 무관하게 산림처사(山林處士)가 되는 길이며, 셋째
는 매월당 김시습같이 방외인(方外人)이 되어 떠돌아다니는 길이
었다. 만약 사회체제 자체를 부정한다면 혁명가가 되는 길이 있을
뿐인데, 이러한 선택이 조카들에게는 모두 힘겨운 길이었으므로,
그는 "우선 과거시험부터 보아라"라고 권면한 것이다.

4장

허물을 고칠 줄 알면 성인께서도 용서하셨으니

허물을 고칠 줄 알면
성인께서도 용서하셨으니

김종직

　점필재(佔畢齋) 김종직(金宗直:1431~1492)은 강호 김숙자의 둘째 아들로 밀양부 서대동리에서 태어났다. 원래 고향은 선산이었지만, 아버지가 처가의 재산을 상속받아, 밀양으로 옮겨 와 살았기 때문이다. 점필재는 6세 때부터 아버지에게 글을 배우고, 활쏘기와 산수도 배웠다. 그의 아버지는 점필재가 13세 때 고령 현감으로 부임하면서, 아들들을 데려다《주역》을 가르치기도 했다.

　세조가 단종의 왕위를 빼앗자 김숙자도 관직에서 물러나 밀양에서 제자들을 길렀는데, 두 아들이 함께 과거를 보러 서울로 올라가게 되자, "너희 형제가 충효로 입신하게 되면 내 무슨 근심이 있겠느냐"면서 술잔을 들어 축원하였다. 점필재가 25세가 되던 이 해에 나라에서 경사를 축하하며 동당시(東堂試)를 베풀었는데, 두 형제가 함께 합격하였다. 그러나 이듬해 아버지가 세상을 떠나, 두 형제는 과거시험을 계속 치르지 못하고 3년상을 함께 지냈다. 점필재는 그 뒤부터 형 종석을 아버지처럼 생각하고 받들었으나 종석은 일찍 세상을 떠났다.

점필재는 벼슬하는 동안에도 좋은 벼슬을 찾지 않고, 늙은 어머니를 모시고 함께 살 수 있는 벼슬을 원하였다. 그래서 40세에는 함양 군수를 자원하여 71세 된 어머니를 모셨고, 46세에는 선산 부사로 부임하였다. 그러다 49세에 어머니가 돌아가시자, 벼슬을 그만두고 3년상을 지냈다. 이 동안에도 여러 제자들이 찾아와 글을 배웠는데, 정작 집안의 장손이자 형님의 아들인 치(緻)는 3년상이 지겨워 달아났다. 점필재는 조카를 불러들이기 위해서 처음에는 준엄하게 꾸짖는 편지를 보내고, 두 번째에는 부드럽게 타이르는 편지를 보냈다.

조카 치에게.

두 번째 보내 온 편지를 보고, 네가 뉘우쳐 깨달은 것을
알게 되었다. 허물을 고칠 줄 알면 성인께서도
용서하셨으니, 하물며 너와 나 사이에 있어서랴. 네가
참으로 뉘우친다면, 내가 어찌 그 새로운 출발을
막겠느냐?
지난번에 내가 너를 나무란 것은, 이른바 자신을 위해
실속 있는 학문을 닦자면 스스로 분발하여 나아가야
한다고 생각했기 때문이었다. 그런데 네가 조급하게
서두르는 바람에 나의 말과 행동이 너무 과격하였으니,
내가 잘못했었다. 어찌 너만 탓할 수 있겠느냐?

돌이켜 생각해 보면, 나의 아버님께서 돌아가셨을 때에는 네 아버지가 상주였고, 나는 상주인 그 분의 아우로서 그 분을 따라 여막(廬幕)에 거처하는 상제였다. 지금은 나의 어머님께서 돌아가셨으니 이번에는 네가 상주가 되었고, 나도 또한 상제로서 장손인 너를 따라 여막에 거처하게 되었다.

25년의 간격을 두고 너의 부자와 함께 짚자리 흙베개로 이 산속에서 엎드려 지내게 되었으니, 내 마음이 어떻겠느냐? 내가 너를 생각하고 빨리 돌아오기를 바라는 까닭도 바로 이 때문이다. 그러나 내가 간절하고도 측은하게 가슴 아파하는 것이 이런 이유 때문만은 아니다.

네가 여기 있으면 아침 저녁을 올릴 때마다 나는 너를 따를 것이고, 조문객을 대할 때에도 나는 너를 따를 것이다. 그런데 내가 혼자 있으면 사람들이 나를 상주로 알게 되니 그래선 안 될 일이고, 그렇다고 여막을 비워 두자니 그것도 안 될 일이다.

손님들이 와서 네가 있는 곳을 물으면, 내가 비록 말로는 "홀로 된 제 어미의 병을 돌보고 있다"고 하지만, 그것도 한두 번이지, 네다섯 번씩 와서 묻는 데야 나도 속으로 못마땅하게 여기는 일을 어떻게 변명할 수 있겠느냐? 네 나이가 아직도 어려서 앞길이 요원한데, 한 가지 행실이 이지러지면 뭇사람의 비난이 돌아올 테니, 어찌 염려되지 않겠느냐?

우리 일가는 화희(和義)에서 시작되어 지금까지 백여
년이 되었는데, 양온공(良醞公) 이후에 와서야 자손들이
매우 번창해졌다. 그러나 벼슬에 나아가 재상이 된 자는
한 사람도 없고, 과거에 급제한 사람도 오직 우리
아버님과 아버님의 재종형이신 휘 종리(從理), 그리고
너의 아버지와 나뿐이었다.

아아! 백 년이란 긴 세월 동안 급제한 사람이 겨우 네
명밖에 안 되는데, 그 중에 세 명이 우리 집안에서 나왔다.
몇 해 전에 생질 강(康)이가 또 과거에서 갑과로
급제하였으니, 이도 역시 우리 집안 사람이 아니냐.
이로써 본다면 우리 선조들께서 쌓아 놓으신 음덕이 우리
집안에서 장차 경사로 발복할 모양이다.

내가 예전에 너의 사촌형제들 이름을 지을 적에 모두 '실
사(絲)' 자 변을 따서 지은 까닭은 능히 가업을 이어받아
오래오래 끊어짐이 없게 하자는 생각에서였다. 수(綬)와
굉(紘)은 작은 형님께서 직접 가르치셨으니, 반드시
학문을 이룰 것이다.

나는 겨우 자식 하나를 두었는데 지금 병들어 폐인이
되었으니, 다시는 가르칠 가망이 없어졌다. 너희 두
사람은 우뚝하게 두각을 나타냈지만, 아직 학식이 넓거나
깊지는 못하다. 익히고 닦는 노력을 조금만 게을리 하면
세월이 다 가 버릴 테니, 그때 가서 어찌 하겠느냐?

나는 비록 덕은 적고 학문도 부끄러울 정도지만, 벼슬한
이래로 임금의 은혜를 입어 늘 금마(金馬) · 옥당(玉堂)을

떠나지 않았다. 그런 까닭에 내가 비록 산속에 있더라도 먼 지방 선비들이 이따금 찾아와 학문을 묻는 일이 있어, 어머님을 잃은 슬픔도 잊고, 그들과 더불어 강론한다. (명분을 밝히는) 유학의 죄인임을 벗어날 수는 없지만, 찾아오는 발자국 소리가 반가워서 거절하지는 않고 지낸다.

네가 만약 아침 저녁으로 내 곁에 있으면서 《예기》를 읽는 틈틈이 날마다 알지 못하는 것을 알려고 구하여, 널리 배우고 자세히 물으며 신중히 생각하고 명백히 가려내어 뒷날 독실히 행할 바탕을 높여 간다면, 3년상을 지내는 동안에 가라지가 성숙하듯이 피어 할아버지의 유업을 떨어뜨림이 없을 것이다. 이 얼마나 좋은 일이냐? 발이 부르트도록 책을 짊어지고 찾아와서 배우는 사람과 비교해 보면 갑절의 효과가 있지 않겠느냐? 그런 까닭에 나는 네가 세상에 얽매인 일을 내던지고 빨리 돌아오기를 바라는 것이다.

지금 세상에 네 아버지 같은 분은 없다. 네 아버지는 효우(孝友)·충신(忠信)을 천성으로 타고났다. 옛날 고령에서 우리 형제가 선친 슬하에 있을 적에, 선친께서 종기가 나 누워 계신 적이 있었다. 내가 병구완을 하다가 하루는 (약으로 쓰던) 지렁이 즙을 선친보다 먼저 맛보게 되었다. 나는 그때 나이가 어려서 지렁이 즙 맛이 그다지 고약한 줄도 모르고 우연히 한 모금 마셔 보았을 뿐인데, 형님은 우리 형제의 덕성이 같은 줄로만 알고, (형님은

내가 당신처럼 약효를 확인하기 위하여 그 고약한 지렁이 즙을
일부러 맛본 줄 알았다) 우애를 두터이 하여 처음부터
끝까지 한결같이 대해 주었다. 슬프구나, 이제 비록
지렁이 즙을 다시 마시고 싶지만, 그렇게 될 수 있겠느냐.
이 산에 함께 있으면서 3년 동안 슬픔을 씹으며 밤마다
흔들어 깨워 이야기하던 소리가 아직도 귓전에 쟁쟁하니,
여기까지 생각하면 간장이 찢어지는 듯하다.
형님은 이미 볼 수 없게 되었고 형님이 남기신 몸으로
너희 두 사람만 있으니, 내가 너희를 이끌어 성취시켜서
세상에 입신양명하려는 생각이 어찌 없겠느냐? 너는
내가 전날 꾸짖은 것을 행여라도 섭섭히 여겨, 나를
원망하지 말아라.
처자가 들어앉을 곳이 없어 못 온다면, 집을 짓는 일이
끝나길 기다려서 와도 좋다. 그러나 "군자가 집을 짓게
되면 먼저 사당을 침실 동편에 세운다"는 주자의 말씀이
《가례》 첫머리에 실려 있으니, 너는 그것을 알고 있느냐?
일일이 말하지 못한다.

점필재는 아들이 셋이나 되었지만, 맏아들 목(木)이 5세에 홍역
으로 죽은 것을 비롯하여 모두 어려서 죽었다. 어머니의 3년상을
지낼 때에는 50세나 되었지만 죽기 직전의 폐인이 된 아들 하나밖
에 없어, 조카들을 아들처럼 여겼다. 그런데 상주였던 장조카가 3
년상이 지겹다고 달아나자 실망하여 이 편지를 썼던 것이다.

186

당시에 3년상은 사람이 지켜야 할 가장 큰 의무였다. 벼슬을 하다가도 3년 동안은 그만두고 돌아와서 부모의 무덤을 지켜야 했다. 세상에 태어났을 적에 3년 동안 진자리 마른자리 갈아 뉘면서 길러 준 은혜를 갚는다고 생각했기 때문이다.

3년상을 지내는 동안은 술도 마시지 않고 여자도 가까이하지 않았으며, 노래를 즐기지도 않았다. 경전을 읽으며 심신수양에 힘썼고, 제자들과 학문을 강론하며 나날을 보냈다. 전쟁보다도 3년상을 더 중요하게 여겨, 임진왜란이나 병자호란 때에도 3년상을 지내는 상주는 싸움에 나가지 않았으며 임금의 특명이 있어야만 예외를 인정받았다.

항렬로는 김종직이 조카보다 위였지만, 조카는 맏아들의 맏아들이었기 때문에 할머니의 3년상에 상주가 되었다. 그러한 상주가 3년상이 지겹다고 달아났으니, 예법을 모범적으로 지켜야 할 점필재로서는 난감한 일이었다. 그래서 지난번에는 조카에게 다그치는 편지를 보내고, 이번에는 간절하게 타이르는 편지를 보냈다. 먼저 25년 전에 치의 아버지와 함께 부친상을 지냈던 기억을 이야기해 주며, 숙부와 조카가 한 핏줄임을 상기시켰다. 그리고 이어 상주가 없어서 손님들에게 변명도 못하고 계면쩍어진 자신의 난처한 처지를 하소연하고, 3년이 헛되게 보내는 세월은 아니라고 일러주었다. 내가 스승이 되어 줄 테니, 이 기회에 《예기》를 공부해 보라고 권한 것이다. 마지막으로 점필재는 "군자가 집을 짓게 되면 먼저 사당을 침실 동편에 세운다"고 한 주자의 말을 들려주며, 인륜 가운데 가장 큰 의무가 3년상임을 다시 한 번 강조하였다. 잘못을 뉘우치고 돌아오면 용서하겠다는 숙부의 간절한 마음이 곳곳에 잘 나타나 있다.

치는 이 편지를 받고 곧 돌아와 3년상을 마저 다 치렀다. 점필재는 52세에 부인마저 세상을 떠나 55세에 재혼하였으며, 56세에 아들 숭년(嵩年)을 낳았다. 세상을 떠날 때에는 아들 숭년이 7세밖에 안 되어 부인 문씨가 상주가 되었는데, 조카 치가 정성껏 상을 지냈다. 점필재는 가는 곳마다 많은 제자들을 가르쳐, 그가 세상을 떠나자 제자와 인근 선비들이 5백여 명이나 모여들어 장사를 지냈다.

마음가짐을 더욱 신중히 하거라

이황

　조선시대 양반 집안에서는 아이가 자라 15세가 되면 관례를 치렀는데, 아들에게는 상투를 틀어 갓을 씌우고, 정식 이름과 자(字)를 지어 주어 한 사람의 성인으로 대우하였다. 딸에게는 쪽을 찌고 비녀를 꽂아 주었는데, 이를 계례(笄禮)라고 하였다.

　남자아이들이 관례를 치르게 되면 사규삼이라는 예복을 만들어 입혔다. 이 예복에는 관례를 치르는 남자아이가 잘 자라서 후손이 번창하라는 뜻의 글을 수놓았다. 조선의 마지막 황태자 영친왕이 일본에 볼모로 잡혀 갈 때 입었던 사규삼은 1907년에 친어머니 엄귀비가 직접 지어 입힌 옷인데, "자손창성(子孫昌盛) 수복강녕(壽福康寧)"이라는 축원의 글이 수놓아져 있다. 나이가 찼다고 그냥 관례를 치러서 내보낸 것이 아니라, 옷 하나에도 건강하게 자라서 장수하고 복 받으며 자손도 창성하기를 빌었던 것이다. 이러한 부모의 마음을 담아서 사규삼을 짓고, 그 옷을 입혀서 관례를 치렀으니, 관례는 단순한 성인식이 아니라 부모의 사랑을 확인하며 대를 잇는 의식이었다.

영친왕 부부는 대동아전쟁이 끝나고 황족의 특권이 없어진 1950년대 일본에서 살며 생활이 어려워지자 127점의 소장품을 팔았는데 이 사규삼만은 끝까지 간직하였다. 자기가 어른이 되었다는 표시인 데다, 어머니의 사랑이 깃든 옷이었기 때문이다. 그래서 어머니와 고국이 그리울 때마다 이 옷을 꺼내 보고 눈물을 흘렸다고 한다.

퇴계는 장손자 몽아(蒙兒)의 관례를 치르게 되자, 몽아의 정식 이름을 지어서 아들 준(寯)에게 부치며 그 이름의 뜻을 설명하였다. 이름에 어울리는 행동을 하여야만, 그렇게 이름붙인 뜻이 살아나기 때문이다.

예절도 조금씩 가르쳐야 하지 않겠느냐

아들 준에게 부친다.
몽아가 내년에 나이 열다섯이 되니, 언제까지나 어릴
때의 이름으로 부를 수는 없다. 그래서 별지(別紙)에
(安道라는 이름을) 써서 보낸다. 이에 의해서 이름을 지어
주고, 아울러 시(詩)의 뜻을 풀이하여 가르치도록 하여라.
그리고 (이 이름을) 삼가 잘 간직하게 하여, 잃어버리지
않도록 하여라.
이 도(道)라고 하는 것은 사람이 살아가는 데에 있어서
음식물이나 옷가지 같은 것이니, 잠시도 없어서는 안

되는 것이며, 일상의 이치가 아닌 것이 없다. 오늘날
사람들은 '도'라는 글자를 말할 때마다 자신과는
상관없는 이상한 일로 여기는데, 오직 학문에 힘을 쏟은
뒤에야 이 뜻을 알 수 있기 때문에 시에서 그렇게 말한
것이다. 작은아이의 이름은 아순(阿淳)인데, 앞의 편지
말단에다 가는 글씨로 적어 보냈기 때문에 분명치 못한
듯해서, 다시 적어 보낸다.

네가 올 때에 단양에 이르거든 뱃사람을 불러, 내년 봄에
서울에 도착하는 것이 언제쯤 될지 물어 보고, 배를 돌려
돌아갈 때에 타고 가겠다고 약속해 놓아라. 간곡하게
부탁하여, 어기지 않도록 하여라. 만약 (네가 직접) 불러서
부탁하지 못할 경우에는, 믿을 만한 사람을 시켜서 이
뜻을 전하게 해도 된다. 나는 2월 15일에서 20일 사이에
출발할 예정이지만, 꼭 그렇게 될지는 모르겠다.

이 편지를 보낼 때 퇴계는 서울에 있었는데, 1554년 12월 8일에
시를 지어 함께 보냈다. 편지에서 말한 것처럼, 자신이 손자에게
왜 안도(安道)라는 이름을 붙였는지 그 뜻을 설명한 것이다.

《대학》배울 나이가 되었건만 가르침을 놓쳤으니
　'도'자를 넣어 이름지은 게 속인 것 같구나.
　뒷날 이 이름을 보고 옷처럼 편히 여긴다면

그제서야 내가 괜히 잘난 척한 게 아닌 줄 알게 되겠지.
읽고 외는 공부야 어렸을 적의 일이니
이제부터는 마땅히 격물치지(格物致知)를 하거라.
학문이란 오로지 힘을 다하는 것임을 알고
옛 성현 따르기 어렵다는 말은 하지 말아라.

이 시의 제목이 길다. 〈손자 몽아의 이름을 안도라 짓고는, 절구 2수를 지어 그 뜻을 보여 준다〉 '안도'라는 이름은 '도를 편안히 여기라'는 뜻이다. 그러나 '도'를 배우지 않으면, 그 이름은 남을 속인 게 된다. 그래서 퇴계는 손자에게 이름값을 하라고 당부한 것이다.

또한 퇴계는 맏아들에게 편지를 보내어, 장손자 안도가 이름값을 하도록 버릇을 잘 들이라고 당부하였다.

또 보낸다.
몽아가 차츰 장대해지니, 언제까지나 어릴 적의 이름으로
불러서는 안 된다. 그래서 이제 훌륭한 이름을 지어 주고,
자(字)는 뒤에 지어 주겠다.
(관례를 치르고 새 이름을 받았으니) 이제부터는 마땅히
성인으로서의 책임을 지게 되는데, 예절도 조금씩
가르쳐야 하지 않겠느냐. 자손이 훌륭해지는 것이
사람들의 지극한 소원인데, 대부분은 정과 사랑에 빠져서

훈계하고 단속하는 것을 소홀히 하게 된다. 이것은
김매기를 하지도 않고 벼가 익기를 바라는 것과 같으니,
어찌 이러한 이치가 있겠느냐. 네가 예전에 아이에
대해서 엄하게 대하지 못하고 지나치게 사랑하는 것을
보았기 때문에 이 말을 하는 것이다.

　퇴계는 손자 안도가 자라 혼례를 치르게 되자 축하 편지를 보냈
다. 그러나 단순한 축하가 아니라, 부부 사이에 예법을 지키라는
충고 편지였다. 너무 가깝게 지내다 보면 버릇이 없어지기 때문
에《의례 儀禮》〈사혼례 士昏禮〉에 나오는 구절을 인용하여 경계하
였다.

　손자 안도에게.
　어제 모든 예를 어떻게 치렀느냐?
　" 너를 도울 사람을 공경하며 맞이하여 우리 집안 종사를
　계승하되, 오직 경건한 마음으로 거느려서 어머니를
　이을지니, 너는 떳떳한 몸가짐을 지녀라' 라고 말하면,
　'오직 감당하지 못할까 두렵지만, 이 명을 감히 잊지
　않겠습니다' 라고 대답한다."
　이 말은 초례(醮禮)에서의 명사(命辭)이다. 너도 들어서
　아는 것이니, 천만 번 경계하라. 부부는 인륜의 시초이고
　만복의 근원이니, 지극히 친밀한 관계이면서도 또한

지극히 바르고 조심할 자리이다. 그러므로 《중용》
제12장에서) "군자의 도는 부부 사이에서 시작된다"고
말한 것이다. 그런데 세상 사람들은 도무지
예경(禮敬)하는 것을 잊고서 너무 허물없게 친하여,
마침내 업신여기고 능멸하며 못하는 짓이 없게 되었으니,
이 모두가 서로 손님처럼 공경하지 않은 데서 나온
것이다. 그러므로 그 집안을 바로잡으려면 당연히
(혼인하여 집안을 이루기 시작한) 처음을 삼가야 되는
것이니, (너는) 천만 번 경계하라.
1560년.

예의범절을 갖춘 사대부 집안에서는 남편과 아내 사이에 서로 공댓말을 썼다. 마치 손님처럼 공경했던 것이다. 중국의 현인 양홍과 맹광 부부는 금슬이 좋으면서도 서로 손님처럼 예절을 지켜, 후세 부부들에게 모범이 되었다.

급제했다고 네멋대로 하지 말아라

과거에 급제하면 집안에 경사가 났다고 잔치를 벌이고, 조상의 사당에도 고한다. 그러나 이러한 분위기에 휩쓸리다 보면, 학문에 정진하지 못해 앞길을 망치기 일쑤이다. 손자 안도가 1561년 생원시에 합격하여 동기들과 잔치를 벌이게 되자, 퇴계는 축하하기보다 신중하기를 타이르는 편지를 보냈다. 조그만 성공에 만족하다가 앞길을 그르친 제자들을 보아 왔기 때문이었다.

네 아비가 와서 네 소식을 들었다. 네가 고을로
돌아왔다가, 또 상주로 향해 갔다더구나. 이 또한 형편상
가지 않을 수는 없는 일이지. 돌아오는 15일은
기제(忌祭)날이니, 네가 가까이 와 있으면서 참례하지
않을 수는 없다.

너의 이번 걸음은 특히 동년(同年)들과 함께 잔치하는
처지이니 마음가짐을 더욱 신중히 하거라. (한때의)
기쁨에 휩쓸려, 미치고 망녕된 짓을 함부로 하지 말거라.
선생이 명령하는 것은 아무리 농담이라도 따르지 않을
수는 없지만, 그저 잠시만 시키는 대로 하여 책망이나
면하거라. (선생이) 시키는 짓을 지나치게 하거나 비루한
짓거리를 하여, 마치 광대들처럼 남에게 웃음거리가 되면
안 된다.

네가 평소에 술을 잘 마시지 않으니 이 점은 기뻐할
만하다. 그러나 내가 보기에 후생들이 조그만 이름자나
얻으면 스스로 평생의 큰일을 했다고 생각하여 많이들
평상심을 잃고서 마치 미친 듯 술에 취하니, 몹시
민망하고도 가소롭다. 너는 천만 번 경계하여라. 더구나
너는 어른을 모시고 갔으니, 더욱이 다른 사람들과는
견줄 수 없을 것이다.

1561년.

안도는 할아버지 퇴계에게 학문을 배워 성리학에 조예가 깊었으

며, 퇴계 문하의 이름난 학자들과 널리 교유하였다. 과거에 급제하여 작은 성공을 이루면 흔히 몸가짐이 해이해지기 쉬웠지만, 이 편지를 받고 더욱 근신하였다.

과거에 급제하면 그 해 함께 합격한 동년들과 어울려 노닐게 되는데, 퇴계는 이때 몸가짐을 조심하라고 타일렀다. 합격의 분위기 속에서 흥청망청하기도 쉬웠지만, 선생(전임 관원)들이 신참 후배들을 길들이는 과정에서 시키는 대로 하다가 망신당하는 경우도 많이 보았기 때문이다.

안도는 13년 뒤인 1574년에 퇴계의 적손(嫡孫)이라는 덕으로 참봉에 임명된 뒤에, 사온직장(司醞直長;정7품)까지 올랐다. 그러나 병으로 일찍 죽어, 학문으로 크게 성공하지는 못하였다. 할아버지를 모신 예안의 동계서원에 함께 제향되었고, 《몽재문집》 2권이 전한다.

행동을 한결같이 조심하고 있거라

정철

조선조 시인 가운데 누구보다 술과 풍류를 즐긴 시인이 바로 송강 정철이다. 그가 지은 〈장진주사 將進酒辭〉라는 노래가 당대에는 물론이고 지금까지도 주당들의 권주가로 많이 불려지고 있다.

한 잔 먹세그려. 또 한 잔 먹세그려.
꽃 꺾어 산(算) 놓고 무진무진 먹세그려.
이 몸 죽은 후면 지게 위에 거적 덮어 주리혀 매여가나
유소보장(流蘇寶帳)에 만인(萬人)이 울며 가나
어욱새 속새 덮가나무 백양 숲에 가기만 하면
누른 해 흰 달 가는 비 굵은 눈 소소리 바람 불 제
뉘 한 잔 먹자 할고.
하물며 무덤 위에 잔나비 휘파람 불 제
뉘우친들 어쩌리.

신색이 날로 고달프다면서 술을 마시다니

송강의 아들 진명(振溟)도 아버지를 닮아서 술을 몹시 좋아하였다. 큰아들은 이미 과거 초장에 들어가 합격했는데 진명은 아직도 주색에 빠져 자기 말대로 신색이 고달프게 살고 있으니, 송강은 걱정이 되었다. 죽고 나서 후회하지 말고 살았을 때에 무진무진(無盡無盡) 먹자고 노래했던 주선(酒仙) 송강이지만, 자기 아들이 신색이 고달플 정도로 술 마시는 것을 보고 있을 수만은 없었다. 그래서 경계하는 편지를 써 보냈다.

진명에게.

늙은 어머니의 건강은 어떠한지. 네 아내도 이미
해산했느냐? 매우 걱정스럽다.

네 큰형은 (과거) 초장(初場)에 들어가 합격했다고 한다.
한번 해 보는 것도 관계는 없고, 병중에 드나들다
합격했으니 심히 다행스러운 일이지만, 그 뒤의 소식이
어떨지 모르겠다.

나는 잘 와서, 지금 연기(燕岐)에 이르렀다.

너는 신색이 날로 고달프다고 하면서 아직도
양부(兩斧)를 경계할 줄 모르니, 이 때문에 나는 언제나
마음이 초조할 뿐이다. 천만 조심하여라. 나머지는 마음이
바빠서 다하지 못한다.

9월 11일.

송강은 진명에게 양부를 조심하라고 했는데, 양부는 두 도끼, 즉 주색(酒色)을 말한다. 아들이 주색에 곯아서 신색이 고달프다고 하소연하면서도 주색을 즐기므로, 걱정하는 편지를 써서 타이른 것이다.

이 편지를 받은 진명이 아버지에게 "아버님께서도 술조심하시라"고 답장을 올린 듯하다. 정철이 그 다음에 보낸 편지를 보면, "너는 네 병이나 걱정하고, 내가 술을 드는 것은 염려하지 말라. 이 후로는 행동을 한결같이 조심하고 있거라"라고 당부하였다. 그러나 정철이 그 다음 편지에서, "아비는 병이 여전하므로 지금 의원을 찾아 약을 먹으려 한다" "나 역시 술이 두려운 것임을 알았기에, 앞으로는 단연코 끊으려 한다" "나는 술을 이미 끊었고, 몸도 역시 조금씩 나아가는 편이다"라고 한 것을 보면, 아버지와 아들이 모두 술 때문에 병이 나서 고생했음을 알 수 있다.

부자유친이라고 하지만, 아버지와 아들이 함께 술 때문에 병을 앓다가, 서로 술을 조심하라고 편지를 써서 권면하였다. 이렇게 술을 좋아해서 아버지를 걱정시켰던 진명은 진사에 합격한 뒤에 젊은 나이로 세상을 떠났다. 문과에 급제하지도 못해, 아까운 재주를 펴 볼 기회를 잃었다. 아버지가 술 마시는 것은 걱정하면서도 자신의 술버릇을 고치지 못해, 결국 인생을 중도에서 끝낸 것이다.

지나치게 슬퍼하는 것도 예가 아니다

예전에는 집안에서 가장 큰일이 제사를 지내는 것이었다. 아무리 가난하더라도 제사 비용은 산 사람의 생활비보다 먼저 마련했기에, "가난한 집에 제사 돌아오듯 한다"는 속담까지 생겼다. 멀리

나간 자식도 제삿날이 되면 반드시 집에 돌아왔으며, 일가 친척들이 다 모였다.

진명에게.
아비는 병이 여전하다. 그래서 지금 의원을 찾아가 약을
먹으려 한다. 아마도 요전날 기제사 때에 상심이 된
듯하다. 모레 외랑(外廊) 시제(時祭) 때에는 참예치
않으려 한다. 네가 오늘 일찍 와서 제사를 지내고 나를
대신하는 것이 좋겠다. 제기(祭器)를 기록한 종이와
의례경전(儀禮經傳)을 함께 돌려보내니, 희원에게도
알리도록 하여라.

송강은 이번 제사에 병으로 참석치 못하게 되자, 막내아들 진명에게 미리 편지를 보내, 오늘부터 와서 자신을 대신해 제사지낼 준비를 하라고 타일렀다. 부자 사이에 제사가 얼마나 소중한 연결고리인지를 알 수 있으며, 이러한 편지를 통하여 아버지가 자식에게 대 이을 준비를 시키는 것도 알 수 있다.

아들에게.
네가 소식(素食)을 먹은 지가 이미 반 달이나 되었는데,
아직도 고기를 먹지 않는다니 어찌된 일이냐? 예(禮)로

말하면 소공(小功)에는 성복(成服)날까지만 소식을
먹으면 되는데, 이미 지났다. 정의로 말한다면 비록 끝이
없지만, 기년(期年)에다 비하면 경중의 차이가 있다.
게다가 너는 앞길이 만리나 되는 데다 늙은 아비의
명까지 있는데, 어찌 제 고집만 내세워 내게 걱정을
끼치느냐? 너는 사리를 모르니 딱한 일이다.
지난번에 군관 능달을 보았느냐? 우리 집에 있던
한복이가 왜놈에게 붙잡혔는데, 매 한 대도 맞지 않고
우리 집이 회양 쪽으로 피난간 것을 다 말했다고 한다.
왜적이 반드시 쫓아갈 테니, 우울하기 그지없다. 적병이
없는 곳으로 급히 피하고, 소홀히 하지 말아라. 너는
처사가 언제나 소홀하니, 잘 대처하지 못할까 걱정된다.
나머지 자세한 말은 네 형의 편지에 다하였다. 나는 지금
홍주에 있다.

소공은 종조부모(從祖父母)·재종형제(再從兄弟)·종질(從姪)·
종손(從孫) 또는 형제의 아내 등의 상을 당했을 때 입는 복제인데,
5개월 동안 복을 입었다. 초상이 나면 사흘이나 닷새 뒤부터 상복
을 입었는데, 소공친의 복을 입을 때에는 이 성복날까지만 소식하
면 되었다. 그런데 이 아들이 반 달이나 고기를 먹지 않아 몸이 쇠
약해지자, 송강은 편지를 보내어 "지나치게 슬퍼하는 것도 예가
아니다"라고 타일렀다. 죽은 친척을 위하는 마음도 좋지만, 그에게
는 돌보아야 할 늙은 아버지가 있었기 때문이다.

어미 소가 송아지 핥듯이
사랑스런 마음을 금할 수 없구나

최익현

면암(勉庵) 최익현(崔益鉉 : 1833~1906)이 살았던 시대는, 조선의 지식인들이 개화사상(開化思想)과 위정척사사상(衛正斥邪思想)으로 갈려서 갈등하고 부딪치던 시대였다. 예전에는 중국이 세계의 중심이고 그 옆에 조선과 일본·몽고·월남 등의 조그만 나라들이 있다고 생각했는데, 이제는 서양이라는 또 하나의 세계를 인정해야 했기 때문이다. 그것도 영조와 정조시대에 문화의 전성기를 누리다가 19세기에 접어들면서 외척들의 세도정치 때문에 국력이 쇠퇴하던 와중에 외부로부터 이런 도전을 받았으므로, 지식인들은 어느 한쪽에 서서 나라를 지켜야겠다는 생각을 가지게 되었다.

면암은 경기도 포천에서 태어나, 14세부터 화서 이항로의 제자가 되었다. 화서는 위정척사를 주장하던 성리학자 가운데 대표적인 유학자였으므로, 면암도 자연히 위정척사를 내세우게 되었다. 이때에 정(正)은 성리학적인 사회체제였고, 사(邪)는 서양의 물질

문명이었다. 그런데 나중에는 정이 민족의 자주성을 포함하게 되고, 사는 자연히 일본의 침략까지 포함하게 되었다. 그 반면에 개화주의자들은 현실적으로 친일파가 되는 경우가 많았다.

면암은 23세에 명경과(明經科)에 급제하여 주로 언관(言官)으로 활동하였다. 대원군이 10년 동안 권력을 잡으면서 언로(言路)가 막혀 있었는데, 면암은 이에 맞서서 대원군의 잘못을 과감하게 논박하였다. 대원군이 무리하게 경복궁을 중건하면서 국가 재정이 파탄에 이르게 되자 사헌부 장령(掌令)으로 있던 면암이 그 폐단을 비판한 것이다. 또한 대원군이 전국 서원에 철폐령을 내리자, 승지로 있던 그는 1873년에 대원군을 비판하는 상소를 올렸다. 대원군이 유림의 기반을 흔들었다고 생각하여 정면으로 반기를 든 것인데, 대원군은 결국 면암의 두 차례 상소로 실각하고, 고종이 11월 5일에 친정(親政)을 선포하게 되었다. 이로써 대원군은 "권불십년權不十年"이라는 말을 듣게 되었다. 고종은 면암을 처벌하라고 주장한 좌의정과 우의정을 모두 파직시키고, 개화파 박규수를 우의정에 임명하였다. 그러나 면암은 상소문의 내용이 너무 과격하다는 죄 때문에 11월 12일 제주도로 유배되었다.

제주도에 도착한 면암은 그 해와 이듬해 2월에 아들 영조에게 편지를 보냈다.

사사로운 정으로 어버이를 섬기지 않겠다

맏아들 영조에게.

객지에서 작별할 때에 겉으로는 태연한 척했지만, 마음은

간절했던 것을 어찌 다 말하겠느냐. 새해가 멀지
않았는데도 소식 들을 길이 없구나. 요즘 할아버님
기력이 강건하시고, 너의 어머니와 어린것들, 그리고 온
집안이 두루 평안하냐?

내가 떠날 때에 너의 종숙(從叔)과 내 친구 유씨는 그
결과가 어떻게 되었는지 알 수 없어, 매우 안타깝고도
답답한 마음을 걷잡을 수가 없구나. 요즘도 예전처럼
어른 모시고 독서에 열중하느냐? 혹시라도 내가 죄를
얻은 것을 빙자하여 학문을 게을리 해선 안 된다.
나는 섬에 들어온 뒤에 밥도 잘 먹고 잠도 잘 자니,
걱정할 것이 없다. 그 동안 내 친구들이 보내 온 편지
가운데 볼 만한 것이 있으면, 베끼거나 대강 요약해서
풀로 밀봉해 보내거라.

계유년(1873) 12월 18일.

영조에게.

너를 오래 못 보니 마음 둘 곳이 없을 뿐 아니라 너의
처와 어린것들 셋이 눈에 삼삼하지 않는 날이 없으니,
그야말로 어미 소가 송아지를 핥듯이 사랑스러운 마음을
금할 수가 없구나. 이런 마음을 느꼈기에, 우리
아버님께서 나를 못 잊어 하시던 마음을 알겠다.
그러나 이것은 사사로운 정이다. 나는 이미 이렇게
사사로운 정으로 어버이를 섬기지는 않으려 했으니, 너도
이 뜻이 어디에 있는지 알아서, 나의 귀양살이가 빨리

풀리고 늦게 풀리는 데 관심을 갖지 말아라. 모름지기
부지런히 공부해서 큰 공을 이루도록 하여라.
그러나 내가 멀리 떨어져 있으니, 스승과 벗의 접촉이
드물게 되어, 자잘한 근심이 참으로 적지 않다.
이제부터는 내 한 몸에 적대하는 자들이 늘어서 온갖
비방을 퍼부어, 고단한 자취가 더욱 위태롭게 되었으니,
무사하기를 보장할 수 없게 되었다.
아무리 친하고 믿는 사이라 하더라도, 긴요하지 않은
이야기는 행여 입 밖에 내지 말아라. 사람을 대할 때에는,
비록 미천한 사람에게라도 절대로 교만한 기색을 짓지
말아라. 이것은 세상에 잘 보이려고 그런 것이 아니라,
도리가 그런 것이다.

갑술년(1874) 2월 10일.

　면암은 언제나 공과 사를 철저하게 구분하였다. 유배지에서 아
이들이 보고 싶은 것은 인지상정이지만, 그는 그리움 때문에 올바
른 뜻을 굽히지는 않겠다고 하였다. 어버이를 보고 싶어하는 사사
로운 정 때문에 나라 일을 그르칠 수는 없기 때문이다. 이 편지에
서 어버이를 보고 싶어하는 마음은 면암의 마음이자, 아들 영조의
마음이기도 하다. 그의 편지를 보면, 아마도 아들 영조가 아버지의
귀양살이를 빨리 끝내게 하려고 애쓴 것 같다. 그는 이러한 노력을
사사로운 정이라고 가르치면서, 그럴 마음이 있으면 차라리 공부
에 힘써서 올바른 인물이 되라고 충고하였다.

언제나 올바른 말을 피하지 않았던 면암은 1년 뒤에 제주도 귀양살이에서 풀려난 뒤에도 계속 바른말을 하다가 또 유배되었다. 조정에서 1876년에 일본과 병자수호조약을 체결하려고 하자, 면암은 1월 23일 도끼를 들고 궁궐 문 앞에 엎드려 척사소(斥邪疏)를 올리며 개항을 반대하였다. 그는 이 상소에서 일본은 서양 오랑캐에 편승하는 나라라서 청나라보다 더 위험한 존재라고 비판했는데, 그 상소문이 너무나 격렬한 데다 민심까지 흔들리자, 조정에서는 나흘 뒤에 그를 흑산도로 귀양보냈다.

무고(無故) 두 글자만 피차 바란다

을사년(1905년) 1월 14일 경기도 관찰사에 제수된 면암은 임금 주위의 외세와 매국노 간신들을 물리치라고 상소하며 벼슬을 사퇴하였다.

그는 "나라를 팔고 정사를 어지럽힌 적신(賊臣) 대여섯 명을 잡아다가 시장바닥에서 찢어 죽이십시오"라고 강하게 주장했다가, 2월 6일 일본군 사령관 호세가와에게 체포되었다. 그는 헌병대장에게 붙잡혀 가서도 자신의 주장을 항변하며 끝까지 굽히지 않다가, 이튿날 포천 집으로 압송되었다. 그 뒤에도 여러 차례 매국노를 물리치라고 상소하여, 일본군 헌병대에 잡혀 다니기를 거듭하였다.

10월 21일에 박제순·이지용·이근택·이완용·권중현 오적(五賊)이 이토 히로부미와 보호조약을 맺어 나라의 주권을 팔아 버리자, 여러 충신들이 목숨을 끊으며 이에 항거하였다. 면암은 이듬해 2월 21일 가묘에 하직하고, 호남으로 떠나 의병을 일으켰는데, 수많은 유림들이 그를 따라 의병을 일으켰다.

그는 일본 정부에 글을 보내어, 신의를 저버린 16가지 죄를 따졌다. 그러나 윤4월 20일 전주 관찰사 한진창과 순창 군수 이건용이 왜군을 이끌고 와서 의병을 습격하는 바람에, 23일 체포되어 서울로 압송되었는데, 이때 마지막까지 그와 함께했던 의병 11명도 함께 잡혀 갔다. 그는 서울로 끌려가는 도중에도 계속 유가(儒家)의 경전을 외웠고, 일본군 사령부에서는 일본 음식을 먹지 않고 단식하기도 하였다. 6월 25일 진고개에 있는 사령부에서 판결이 내려졌는데, 면암은 대마도에 3년 감금이고, 임병찬은 2년 감금이었으며, 다른 의병들은 본서에 구류하게 되었다.

이에 따라 면암은 7월 8일에 대마도로 압송되었다. 맏아들 영조가 배가 떠나는 동래 초량으로 찾아와 아버지를 뵈려 했지만, 헌병들이 사령부 문서가 없다는 이유로 거절하였다. 영조는 대성통곡하면서 부두에서 면암과 헤어졌다.

대마도에는 의병 9명이 먼저 잡혀 와 있었다. 면암은 도착하는 날부터 일본이 주는 음식을 먹고 살 수 없다며 단식하고, 고종 임금에게 올리는 마지막 유소(遺疏)를 임병찬에게 불러 주었다.

"죽음을 앞둔 신(臣) 최 아무개는 일본 대마도 경비대 안에서 서쪽을 향해 두 번 절하고, 황제 폐하께 아룁니다."

이렇게 시작되는 마지막 상소를 올리고, 면암은 단식하며 죽음을 기다렸다. 그러다 이튿날 보병대장이 와서, "감금된 사람의 식비는 모두 한국 정부에서 보내 온다"고 해명하자, 그때부터 식사하기 시작했다.

9월 4일에 맏아들 영조가 대마도로 찾아와 그를 만나 뵈었는데, 이때 임병찬의 아들 임응철도 함께 왔다. 이들이 경비대장에게 병들고 늙은 아버지를 놓아 주면 대신 갇혀 있겠다고 청원했지만, 받아들여지지 않았다. 영조가 계속 머물면서 수발을 들겠다고 하자, 면암은 "집에 노인도 있고 제사를 받들어야 하니 돌아가라"고 하였다. 그래서 영조는 8일에 조선으로 돌아갔다. 그가 집에 도착했을 즈음에, 무사히 도착했는지 궁금해진 면암이 영조에게 편지를 띄웠다.

영조에게.
지난달 초사흗날에 평안하다는 편지를 석동으로 부쳤다.
13일에는 9일에 보낸 순명의 답장을 받아서, 7월 21일
이전에 모두가 무사하다는 소식과 농사도 골고루
잘되었다는 소식을 알게 되어, 조금 위안이 되었다.
그러나 그 후의 형편과 내 편지를 분명히 받아 보았다는
소식을 듣지 못했으니, 답답한 마음을 어찌 다
말하겠느냐?
이제 가을도 깊었는데, 정부인(貞夫人)의 숙환이
더하지나 아니한지? 온 집안 모두 별고 없느냐? 만리
궁벽한 곳에서 세세한 소식을 다 말할 수 없고, 다만
무고(無故) 두 글자만 피차 바라는 바이다.
나는 전과 다름없이 먼저 잡혀 온 아홉 사람과 더불어 한
집에서 거처하니, 먹고 자는 것이며 이야기하기가 다소
적막치는 않다. 세 끼 밥 먹는 것과 두터운 요에 잠자는
것도 편하니, 불행 중 다행이라고나 할는지. 날짜를 꼽아

보니 지금쯤은 집에 들어갔을 텐데, 대내 문안이 옛날과 다름없이 평안하고, 가채리 여러 집안들도 다 잘 있느냐? 그리고 19일 혼사는 그날로 지냈으며, 신행도 즉시 했느냐?

그 편지에 중아(仲兒)가 여기 온다는 말이 있던데, 이는 깊이 생각해 보지 않은 말이다. 혹시 그렇게 말하더라도 행여 못 오게 하거라. 또 네 형편으로 보면 (자식이 멀리 이국 땅에 잡혀 가 있는 아버지를 만나 뵈러 가겠다는) 그 생각이 이상할 것은 없지만, 첫째는 (중아가 대마도에 면회오겠다고 군부에) 청원해도 허가받지 못할 것이며, 둘째는 시국이 평온치도 못할 것이니, 형편을 보아서 하여라.

이미 임병찬을 통해서 보낸 편지에도 말했지만, 혹 주서(注書)가 올라와서 꼭 동행하자고 하더라도 반드시 잘 생각해서 그만두는 것이 좋을 것이다.

병오년(1906) 9월 3일.

죽음을 각오하고 잡혀 간 면암이지만 자식들의 안부와 집안 형편은 여전히 궁금했으며, 혼사까지도 관심을 가졌다. 작은아들이 면회오겠다는 것에 대해서는 자식의 안전을 위해 만류하면서도, 형편대로 하라고 미련을 가지기도 했다. 면암 자신이 74세나 된 노인이고 자식들도 50이 넘은 중년이지만, 그에게는 여전히 마음이 놓이지 않는 어린 자식들이었던 것이다.

면암은 병이 깊어졌는데도, 일본 군의관의 치료를 거부하였다. 그 며칠 후 영조가 면암의 제자들과 함께 조선에서 임종에 참여하러 왔다. 면암은 결국 조국 땅을 밟아 보지도 못하고, 대마도 감방에서 세상을 떠났다.

　영조는 20일 영구를 모시고 배에 올라타, 21일 초량나루에 내렸다. 그리고 상무사(商務社)에 "면암 최선생 호상소"를 설치하자, 학생과 일반 시민을 비롯하여 기생과 백정에 이르기까지 수만 명이 찾아와 문상하며 애국의 넋을 기렸다. 23일에 발인하여, 이듬해 1907년 4월 1일 노성 무등산 아래에 장사지냈다.

　그 뒤 호남 유생들이 태인군에다 면암의 사당을 세우고 진영(眞影)을 모셨는데, 이를 태산사(泰山祠)라고 하였다. 그밖에도 여러 곳에 면암의 애국심을 기리는 사당이 세워졌다. 그는 사사로운 정으로 어버이를 섬기고 아이들을 사랑하기보다, 끝까지 공의로운 마음으로 나라와 겨레를 사랑하다 죽었던 것이다.

어미 없는 백성을 생각하라

이상황

    이상황(李相璜:1763~1841)은 효령대군의 후손인데, 25세에 문과에 급제하여 벼슬길에 올랐다. 30세에 경상도 암행어사로 나가서 민간의 실상을 파악하고는 노비들의 신공(身貢)을 줄여 달라고 조정에 청했으며, 황해도 관찰사·개성 유수·전라도 관찰사·한성부 판윤·평안도 관찰사 등의 지방관을 거치면서 널리 선정을 베풀었다.

    60세에 좌의정이 되었는데, 예산을 절약하는 것이 백성을 사랑하는 근본이라고 강조하였다. 오랜 지방관 생활을 역임하면서, 나라의 예산이 모두 백성들의 피와 땀인 것을 알았기 때문이다. 그는 사또가 되어 부임하는 조카에게도 "어미 없는 백성을 생각하라"고 당부하였다.

사또가 되어 길 떠나는 조카에게.
내 너를 보기엔 아직도
포대기 안에 있는 것 같은데,
하물며 관리가 되어서
백성을 다스릴 수 있겠느냐?
아침 저녁 밥 먹을 때마다
어미 없는 백성을 생각하고,
매를 치면서도 모름지기
저것도 또한 사람이라고 불쌍히 여겨라.

어버이 마음에는 자식이 언제나 어린아이처럼 보이는 법이다. 이상황도 조카가 포대기 안에 있는 아이로 보였다. 그런 아이가 한 고을의 사또가 되어 백성들을 다스리게 되었다니, 그는 더욱 걱정스러웠다. 그는 조카에게 "어미 없는 백성들의 부모가 되라"고 당부하였다. 일찍 아버지를 잃고 자란 조카였기에, 그러한 당부가 더욱 절실하게 들렸을 것이다.

사또가 되면 백성들을 징벌할 일도 있겠지만, 그런 때에도 그들이 하나의 온전한 인간이라는 것을 생각하면서 사랑의 매를 때리라고 당부하였다. 많은 사또들이 백성들을 착취의 대상으로 삼던 조선 후기였기에, 선정으로 이름났던 목민관 이상황의 시는 사또로 부임하는 조카에게 귀한 좌우명이 되었을 것이다.

이상황은 행정력 외에 외교력도 뛰어나 세 차례나 청나라에 사신으로 다녀왔으며, 71세에 영의정이 되어서는 특히 수령을 선임하는 데 신중하였다. 일선 고을의 수령이 백성을 다스리는 근본이기 때문이었다. 그는 성품이 검소했고, 일을 처리할 때에는 주도면밀하게 말 없이 시행했으며, 언제나 정성을 다했다고 사관들이 평가하였다. 조카에게 지어 보낸 시 한 편에서도 그의 이러한 모습이 잘 드러난다.

술 마시는 정취는 가볍게 취하는 데 있다

정약용

1801년 겨울에 전라도 강진으로 유배된 다산은 유배지에 가서도 좌절하지 않고 꾸준히 독서하며 집필하여, 19년의 유배지 생활 동안 경집(經集) 232권과 문집 260권의 대부분을 지었다.

강진읍 주막집에 얹혀살던 다산은 42세 되던 해부터 고향집에 두고 온 두 아들에게 편지를 자주 써 보냈다. 책 읽는 법을 가르치고 세상 살아가는 도리를 간곡하게 타이른 그의 편지들은 190년이 지난 오늘의 젊은이들에게도 읽힐 만하다. 엄격한 아버지와 스승이 적은 이 시대에, 사랑과 꾸짖음으로 가득 찬 그의 편지를 읽어 보자.

둘째 아들 학유에게.

너의 형이 왔기에 시험삼아 술을 주었더니, 한 잔을

마시고도 취하지 않더구나. 그래서 아우인 너의 주량을
물었더니, 너의 주량은 또 자기의 갑절이나 된다더구나.
왜 책버릇은 자기 아비를 이을 줄 모르면서, 술버릇만은
아비를 넘어서는 것이냐? 이건 좋지 못한 소식이구나.
너의 외할아버지 절도사공(節度使公)께선 술 일곱 잔을
마시고도 취하지 않으셨지만, 평생 술잔을 입에
가까이하지 않으셨다. 늘그막에 가서야 비로소 열두어
방울 담기는 조그만 술잔을 하나 만드시고, 입술만
적시는 정도였단다.

나는 여지껏 술을 많이 마신 적이 없기에 내 주량을 알지
못한다. 벼슬하기 전에 중희당에서 세 번이나 증류한
소주를 하사받은 적이 있었다. 임금께서 옥필통에 가득
채워 주시기에 사양하지 못하고 받아 마시면서 혼잣말로
"내가 오늘 죽겠구나" 했단다. 그런데도 심하게 취하지는
않았었지.

또 춘당대에서 임금을 모시고 과거 답안지를 채점하다가
맛있는 술을 큰 주발로 하나씩 하사받은 적도 있었다.
그때 여러 학사들이 곤드레만드레가 되어 정신을 잃고서,
어떤 사람은 임금께서 북쪽에 계신데도 남쪽을 향해
절했고, 어떤 사람은 마루에 누워 뒹굴기도 했단다.
그러나 나는 내가 읽을 답안지를 다 읽었는데, 급제자의
등수에 조금도 착오가 없었느니라. 다만 퇴궐할 때에
조금 취기가 있었을 뿐이었지. 내 주량이 그 정도였지만,
지금까지 내가 반 잔 이상 술 마시는 걸 본 적이 있느냐?

술맛이란 사실상 입술이나 적시는 데 있는 법이란다.
소가 물 마시듯 마시는 사람들은 입술이나 혀를 적시지
않고 곧장 목구멍에 털어 넣으니, 저들이 무슨 술맛을
알겠느냐? 술 마시는 정취는 가볍게 취하는 데 있는
법이란다. 얼굴은 붉은 귀신같이 된 데다 오물까지 토해
내고서 잠에 떨어진 저런 자들에게야 무슨 정취가
있겠느냐?

술 마시기 좋아하는 사람이 병에 걸렸다 하면 폭사하는
경우가 많다. 술독이 오장육부에 배어 들어가 하루
아침에 썩어 문드러지면 온몸이 무너지기 때문이란다.
이걸 크게 두려워해야 한단다.

대개 나라를 망하게 하고 집안을 파탄케 하는 흉패한
행동이 모두 술 때문이었느니라. 그래서 옛날에도 조그만
술잔을 만들어 절제케 했었지만, 더러는 그런 술잔을
쓰면서도 절제하지 못했단다. 그러기에 공자께서도
"이름만 작은 술잔이지, 결코 작은 술잔이 아니구나" 하고
탄식하셨지.

너처럼 배우지 못하고 식견이 좁은 폐족(廢族)의 한
사람에게 고주망태라는 별명까지 덧붙여진다면 앞으로
어떤 인품의 사람이 되겠느냐. 부디 조심하고 입에
절대로 가까이 대지 말아라. 하늘 끝에 귀양 와 있는 이
애비의 애처로운 말을 따르려므나.

술병은 잔등에도 나고 머리에도 나며, 치질도 되고
황달도 된단다. 별별 괴상망칙한 병이 다 생기고, 한 번

병이 났다 하면 백 가지 약도 효험이 없게 되느니라. 부디
너에게 바라고 비노니, 술일랑 네 입에서 딱 끊고 마시지
말거라.

　다산 집안은 술을 많이 마셔도 취하지 않는 내력이 있었다. 그래
서 다산도 제법 술을 마실 수는 있었지만, 술을 많이 마시면 몸과
마음을 해치기 때문에 필요할 때만 알맞게 마셨다. 그는 벼슬길에
서 좌절하고 멀리 유배지에 내쳐졌지만, 자기 몸을 잘 가누어 술에
빠지지 않았다. 오히려 이제는 모든 것이 끝났다고 좌절해 술에 빠
진 아들들을 꾸짖으며, 술 때문에 인생을 버리지 말고 술을 끊으라
고 당부하였다. 마지막 구절에서 "부디 너에게 바라고 비노니, 술
일랑 네 입에서 딱 끊고 마시지 말거라"라는 말처럼 자식에게 바
라고 빌었다. 자신이 귀양 와 있는 형편에 자식들까지 술에 빠지
면, 다시는 집안을 일으킬 수 없기 때문이다.
　그가 모든 것을 체념해야 하는 유배지에서도 술에 빠지지 않고
자신을 절제하였기에 5백 권 가까운 책을 지을 수 있었던 것처럼,
이 편지를 받아 든 둘째 아들 정학유도 술버릇을 뉘우치고 학문에
전념하였다. 우리가 흥겹게 읽는 정학유의 〈농가월령가〉도 아버지
다산의 뼈아픈 편지가 있었기에 지어졌던 것이다.

5장
어미 까마귀는 제 새끼를 부르느라 바쁜데

그리 간 후에 안부 몰라 하노라,
어찌들 있느냐?

선조

우리가 겪었던 난리 가운데 가장 처절한 난리가 임진왜란이다. 조정이 백성들의 절대적 신임을 받지 못했고 또 백성들을 보호해 줄 능력도 없었기에, 많은 백성들이 조국을 등지게까지 되었다.

왜놈들이 쳐들어 오기 전까지만 해도 관리들은 등등한 기세로 백성들 위에 군림했고 나라에서는 필요 이상의 세금을 빼앗아 갔다. 정치라는 것이 사실상 지배자와 피지배자 사이에 주고받는 관계여서, 피지배자는 세금을 바칠 의무가 있는 동시에 강도나 외적으로부터 보호받을 권리도 있었다. 그랬기에 양반들이 평상시에 지나치게 착취하며 거들먹거려도, 백성들은 외적이 쳐들어왔을 때 최소한 목숨만은 보장해 주리라고 믿으며 참았던 것이다.

그러나 실상은 그렇지 못했다. 왜놈들이 우리 백성들을 처참하게 살육하며 쳐들어오자, 그토록 막강하게 군림하던 임금과 사또들은 제대로 싸워 보지도 못하고 달아났다.

지금까지 허세를 부리던 무능한 조정의 실상을 본 순간부터 백성들의 태도는 달라졌다. 선조의 피난 행차가 한양 성문을 나서자마자 성난 백성들이 형조와 장예원에 불을 질렀다. 옥에 갇혔던 백성들이 풀려나고 노비문서가 불태워졌다. 관권에 의해서 억울하게 죄를 입었던 백성들이 일어선 것이다. 백성들은 임금의 행차에 돌을 던지기도 했고, 평소에 원성이 높던 관리를 붙잡아 땅바닥에 메다꽂기도 했다. 함경도에선 백성들이 선조의 왕자인 임해군과 순화군을 사로잡아서 왜놈들에게 넘겨주고, 성문을 열어서 왜군을 맞아들이기도 했다. 임해군은 나라가 망하게 되어 쫓겨다니는 상황인데도 정신을 못 차리고 여전히 백성들에게 폐를 끼치다가, 분노한 백성들에게 곤욕을 치른 것이다.

이러한 과정에서 왜놈들에게 협력한 백성들이 많이 생겨났다. 억눌림에서 벗어나려고, 홧김에, 또는 돈을 벌려고, 조국을 배반한 이유는 각기 달랐지만 이들도 또한 조선의 백성이었다. 그래서 전세가 바뀌게 되자 의주에 피난가 있던 선조는 이들 불쌍한 부역자들을 타이르는 교서를 내렸다. 무식한 백성들도 널리 읽으라는 뜻에서, 이 편지는 한글로 썼다.

백성들에게 이르는 글이라.
임금이 이르시되, 너희가 처음에 왜놈들에게 붙잡혀
끌려다닌 것은 너희 본마음이 아니었을 것이다. 도망쳐
나오다가 왜놈들에게 붙들려 죽을까도 여기고, 또
왜놈들에게 협력했던 것 때문에 나라에서 죽을까
두려워하여 이제까지 도망쳐 나오지 않았을 것이다.

이제라도 너희가 그런 의심을 품지 않고 서로 권하여 다
도망쳐 나온다면, 너희를 각별히 죄 주지 않을 것이다.
그럴 뿐만 아니라 그 가운데 왜놈을 사로잡아 나오거나,
왜놈들이 하는 일을 자세히 알아 나오거나, 또는 잡혀
있는 우리 백성들을 많이 데리고 나오거나, 아무런
공이라도 있으면 예전의 일을 묻지 않고 벼슬도 시킬
것이다. 너희는 조금도 지금까지의 마음을 먹지 말고
빨리 도망쳐 나오너라.

이러한 나의 뜻을 각 처의 장수들에게 다 알렸으니,
조금도 의심하지 말고 모두 나오라. 너희 중에 설마
모두가 어버이나 처자식이 없는 사람이겠느냐? 너희가
살던 곳으로 돌아와 옛날처럼 도로 살면 후련하지
않겠느냐? 이제 곧 아니 나오면 왜놈에게도 죽을 것이요,
나라를 평정한 뒤면 (나라에 의해 죽을 것이니) 너희인들
아니 뉘우치랴? 하물며 명나라 군사가 황해도와
평안도에 가득하였고 경상도 전라도에 가득히 있어,
왜놈들이 곧 제 땅으로 아니 건너가면, 요사이 (우리
군사와) 합병(合兵)하여 부산과 동래에 있는 왜놈들을 다
쳐부술 뿐만 아니라, 강남 배와 우리나라 배를 합하여
바로 왜나라에 들어가 다 불질러 버릴 것이다. 그때에는
너희들까지 휩쓸려 죽을 것이니, 너희는 서로 알려서 그
전에 빨리 도망쳐 나오라.

만력 21년(1593) 9월 일.

임금은 만백성의 어버이였으므로, 부모가 집 나간 자식을 간절히 찾는 마음으로 이 편지를 쓴 것이다. 임금의 편지를 보고, 많은 백성들이 돌아왔다.

왜놈들은 한때 제 나라로 물러갔다가 1597년에 다시 쳐들어왔다. 이때 선조가 셋째 딸인 정숙옹주에게 보낸 문안 편지가 남아 있는데, 한글로 쓰여진 이 편지에는 지엄한 임금이 아닌 평범한 아버지의 사랑이 엿보인다.

삼옹주.
그리 간 후에 안부 몰라 하노라. 어찌들 있느냐? 서울엔 각별한
기별 없고, 도적은 물러가니 기뻐하노라. 나도 무사히 있노라.
다시금 잘 있거라.
정유년(1597) 9월 20일.

선조는 두 명의 비(妃)와 여섯 명의 빈(嬪)에게서 아들 열넷과 딸 열하나를 낳았다. 그는 후궁 가운데서도 인빈 김씨와 금슬이 가장 좋아서 4남 5녀를 낳았는데, 정숙옹주도 이 사이에서 낳았다. 딸 가운데는 셋째였으므로, 선조는 정숙옹주에게 보내는 편지에서 삼옹주라고 불렀다.

정숙옹주는 1587년 3월 창경궁 양화당에서 태어났다. 아름다운 자질을 지니고 태어난 데다, 어려서부터 《소학》을 배우고, 궁녀에게서 《십구사략 十九史略》을 배워, 고금의 흥망과 인물의 시비에

통달하였다. 아홉 살에 "정숙 貞淑"이라는 호를 받고, 열한 살이 되자 당대의 유명한 문장가 상촌 신흠의 아들 신익성에게 시집갔다. 혼인한 뒤에도, 선조는 어린 딸이 너무나 사랑스러워 차마 떠나보내지 못했다. 그래서 궁으로 돌아오게 해, 이듬해에야 다시 출가시켰다. 정숙옹주는 그만큼 선조의 사랑을 많이 받았던 딸이다.

이 편지는 정숙옹주가 시집가기 직전에 써 보낸 편지이다. 난리가 일어나자 선조는 왕자와 공주들을 전부 흩어져 피난하게 하였다. 한꺼번에 다니다 보면 왜적의 목표가 되어, 모두 잡힐 염려가 있었기 때문이다. 선조는 왜란을 겪으면서 흩어져 있는 아들과 딸들에게 여러 차례 안부 편지를 써 보냈는데, 이 편지도 그 가운데 하나이다. 이 편지는 아주 짧으면서도, 꼭 필요한 말은 다 썼다. "잘 있느냐? 전쟁은 끝났다. 나도 잘 있다." 이밖에 더 무슨 말이 필요하랴. 선조는 글씨도 잘 써서, 그가 쓴 편지는 편지투에서도 모범으로 꼽히고 있다.

신익성은 12세에 정숙옹주에게 장가들어 동양위에 봉해졌다. 그는 부마가 된 뒤에 정숙옹주를 따라 궁궐에 자주 드나들었는데, 선조가 그를 몹시 사랑하였다. 그는 선조가 자기 부부에게 보내 준 편지들을 모아서 서첩으로 엮고 〈서선묘신한후 書宣廟宸翰後〉라는 발문을 덧붙였으며, 자기보다 먼저 세상을 떠난 정숙옹주와의 사랑을 회상하면서 〈망실정숙옹주행장 亡室貞淑翁主行狀〉을 지어 남겼다.

몸 건강히 자라는 것만 밤낮 빈단다

최기남

자식들아, 아직도 어린 내 자식들아.
어미가 없다고 일찍 죽을까봐 늘 걱정된단다.
재주가 있고 없고를 어찌 따지랴.
몸 건강히 자라는 것만 밤낮 빈단다.
아비 때문에 춥고 굶주리는 너희들
생각할수록 걱정만 깊어지는구나.
아아! 네 번째 노래가 울음 소리 같으니
옆 사람들도 말 못하고 같이 슬퍼하네.

　구곡(龜谷) 최기남(崔奇南：1586~1669)은 집이 너무 가난해서 동양위 신익성의 궁노(宮奴)로 들어갔는데, 노예 신분이지만 시를 잘지었다. 그래서 신익성의 집에 찾아오는 시인들과 어울려 시를 지으면서 이름이 널리 알려졌다. 서리(書吏) 일을 보는 사이에 경전도 깊이 연구했으며, 서당을 열어 평민의 자제들에게 글을 가르쳤다.

구곡은 집안 살림이 가난한 데다 아내까지 일찍 여의어 더욱 어렵게 살았는데, 늙은 홀어머니는 아우에게 맡기고 재혼을 하지 않았다. 병을 치료하기 위해 온천에 오래 머물면서 가족들 하나하나를 생각하며 시를 지었다. 늙은 어머니, 일찍 죽은 아내, 그리고 어린 자식들과 자기 자신을 가엾게 여겨 지은 시들인데, 위의 시는 어린 자식들에게 지어 보낸 시이다. 무능력한 아비를 만나 어려서부터 가엾게 떠돌아다니는 아이들에게 미안한 마음을 전하였다.

그 아이가 그리 될 줄 어찌 알았겠느냐

인선왕후 · 효종

　　인선왕후(仁宣王后:1618~1674)는 장유의 딸로, 효종과 결혼하여
1남(현종) 5녀를 두었다. 다섯 딸에게 보낸 편지가 많이 남아 있는
데, 그 중 숙명공주에게 보낸 편지가 53편, 숙휘공주에게 보낸 편
지가 16편이나 되는 것을 보아, 당시에 수많은 편지를 썼던 것 같
다. 일상적인 안부 편지를 비롯하여, 다양한 내용의 편지가 전해
진다. 숙명공주에게 보낸 편지들은 〈숙명신한첩 淑明宸翰帖〉에 전
한다.

　　숙명공주에게.
　　글월 보고 무양하니 기꺼하며, 보는 듯 든든 반기노라.
　　나는 오늘은 퍽 하려 창을 열고 있노라. 백천은 시골 가서
　　과거를 보니 기별도 몰라 답답해하였는데, 어제 기별을

들으니 초시(初試)를 넷째 하였다 하니, 그런 다행하고
기쁜 일이 어디 있으랴. 기쁜 마음을 정치 못하여 하노라.
회간으로 올라오노라 하였더라.
숙경이는 돌림 이질을 얻었는가 싶으니, 그런 심심
민망한 일이 없어 하노라. 닙효산 갔으니 공심의 구태여
먹으려 말고, 오늘 두 번 먹으라 일러라.
《하북이장군전 河北李將軍傳》 간다. 감역집에 베낀 책
찾아서, 들어올 제 가져오너라.

　숙명공주는 효종의 둘째 딸로 1652년 청평위 심익현에게 시집갔
는데, 평소에 어머니 인선왕후와 편지로 사사로운 이야기를 많이
주고받았다. 글씨도 잘 쓰고 청렴했던 청평위는, 숙명공주와 함께
궁중에 드나들며 왕과 왕비의 총애를 받았다. 막내딸이 전염성 이
질에 걸린 이야기부터 소설책을 빌려 주는 이야기까지 실려 있어
서, 당시의 부녀자들이 어떻게 살았는지 짐작할 수 있게 해 준다.

기운이나 무사하냐. 너희 집 일이야 어찌 내내 다 적을 수
있겠느냐? 그 아이가 그리 될 줄이야 어찌 알았겠느냐?
어른들이 복이 없어 그런가 한다. 그래도 도무지
잊혀지지 않으니, 이제는 아이들을 정 붙여 기르지
않으려 한다. (그리운) 정은 끝없지만, 마음이 아니꼬워
잠깐 적는다.

위로 부모를 생각하고 무익하게 슬퍼하지 말며, 밥이나

힘써 먹고 병들어 근심 끼치지 말아라. 부마와 함께

(읽어) 보아라. 늙은 정승 마음을 생각하니 더욱 가엾다.

효종이 둘째 딸 숙명공주에게 보낸 이 편지를 보면, 공주의 어린 아이가 갑자기 죽은 것 같다. 그래서 마음 상한 공주와 부마에게 편지를 보내 위로하며, 음식을 먹어 건강을 유지하라고 달랬다.

효종이 늙은 재상의 아픈 마음까지 염려한 것을 보면, 영의정 심지원이 살아 있던 1662년 이전, 즉 숙명공주와 청평위가 결혼한 지 10년이 되기 전에 아이가 죽어 효종이 위로 편지를 보낸 것 같다. 북벌책을 내세우고 청나라와 전쟁할 준비를 하던 효종 임금의 마음도 출가한 딸에게는 여염집 아버지의 마음과 같음을 알 수 있다.

어미 까마귀는
제 새끼를 부르느라 바쁜데

영수합 서씨

관찰사 서형수(徐逈修:1725~1779)의 딸인 영수합(令壽閣) 서씨
(1753~1823)는 집안에서 어깨 너머로 한문공부를 했고, 승지 홍인
모에게 시집가서는 현모양처로 이름이 높았다. 서씨의 세 아들 홍
석주·홍길주·홍현주는 모두 당대 문장가로 이름났으며, 딸 유한
당의 시도 또한 뛰어났다. 남편 홍인모의 문집 《족수당고 足睡堂
稿》에 부록으로 덧붙은 〈영수합고〉에 166편의 시가 전하는데, 아들
에게 보낸 이 시가 실려 있다.

돌아오는 것이 어찌 이리도 더디냐.
국화 피는 시기를 부질없이 놓치겠구나.
짧은 머리로 동구 밖에 기대어 내다보니
나그네 된 그곳 하늘에도 나뭇잎이 지고 있겠지.

어미 까마귀는 제 새끼를 부르느라 바쁜데
어린 새끼는 둥지에 돌아오는 것이 늦기만 하구나.
성벽 위로 저무는 구름을 아득히 바라만 보니
무엇 때문에 내 오래도록 여기에 서 있는 걸까.

맏아들이 약속을 하고도 오지 않자 실망하여 지어 보낸 시인데,
제목은 "맏아들이 기약을 어겨 오지 않자. 두보의 시에 차운하여
(아들이 오기만) 서글피 바라보는 내 마음을 (시로 지어서 아들에게)
보인다"는 뜻이다.

"의려지망 倚閭之望"은 《전국책》에 나오는 어머니의 이야기에서
나온 말로, "네가 아침에 나갔다가 늦게 돌아오면 나는 문에 기대
어 (네가 돌아오는지) 바라보고, 네가 저녁에 나갔다가 돌아오지 않
으면 동구 밖에 기대어 바라본다"고 하였다. 영수합이 이 이야기
를 따다가 시에 썼는데, 돌아오지 않는 아들을 문에 기대어 바라보
는 이 마음은 모든 어머니의 마음이기도 하다. 영수합이 이러한 마
음으로 길러낸 세 아들은 결국 모두 문장가로 대성하였다.

아이를 낳아 놓고 어미가 죽는 심정이구나

조수삼

추재(秋齋) 조수삼(趙秀三:1762~1849)은 과거시험 과목인 공령시를 당대에서 가장 잘 지었지만, 중인 출신이어서 문과에 응시하지 못하였다. 그의 문집 《추재집》 권7에 대표적인 공령시가 59편이나 실려 있지만, 정작 그 자신은 83세가 되어서야 진사시에 합격하였다. 양반집 아이들 같았으면 보통 20여 세에 합격했을 테니, 양반과 평민의 차이가 60년이나 되었던 셈이다. 합격한 그날로 당시에 권력을 잡고 있었던 풍양 조씨의 도움을 받아서 오위장 벼슬을 받았지만, 더 이상 벼슬이 오를 수는 없었다.

쓰라린 옥살이로 삼 년이나 묶여 있다가
산 넘고 강 건너 천리 길을 걸어갔었지.
길 가던 사람들도 눈물을 흘렸다니
어버이 된 마음이야 어찌 다 말하겠느냐.
오늘은 은사를 입어 풀려날 줄 알았더니

아직도 남은 재앙이 있어 내 이름에 연좌되었구나.
아득한 천지에 원한만 쌓였으니
아이를 낳아 놓고 어미가 죽는 심정이구나.

온 세상 만물들은 봄을 맞았건만
그늘진 벼랑에는 아직도 뿌리가 말라붙었구나.
고요(皐陶)는 법을 그르치지 않았고
밝은 임금께서도 너그러운 은사를 내리셨건만.
대사령이 내릴 땐 기뻐서 뛰다가
네 편지를 받아 보니 눈물만 흐르는구나.
4년 동안이나 늑대와 호랑이 굴에서
아직도 네가 살아 있다니 오히려 이상하구나.

너를 맞아오라고 머슴을 보냈더니
너는 오지 않고 머슴만 돌아왔더구나.
내게는 법을 맡은 권한 없으니
어찌 남들을 원망할 수 있겠느냐?
아아! 내가 다시 너와 만나려면
얼마나 더 기다려야 할까.
산새도 무슨 괴로움이 있는지
밤새도록 꽃가지에서 울고 있구나.

아들 검이 귀양간 지 4년이나 되었는데, 마침 나라에 경사가 생겨 대사령이 내려졌다. 그래서 집안 사람들은 검이 용서를 받고 돌아오리라 생각하여, 머슴을 시켜서 맞아오게 하였다. 그러나 검만 혼자 그대로 묶여 있게 되어, 맞으러 갔던 머슴이 끝내 그냥 돌아왔다. 정직한 법관이 법을 그르쳤다고 원망할 수는 없었으므로, 그는 이 시를 지어 아들에게 보내며 아픈 가슴을 달랬다. 권력 앞에 무력한 아비의 신세를 푸념한 시이다. 마지막 구절에서 밤새 울고 있는 산새의 괴로움은 바로 조수삼 자신의 괴로움일 것이다.

혼자서 가기엔 네 나이 아직 어리니
신위

　　자하(紫霞) 신위(申緯:1769~1845)는 1812년 청나라에 가는 주청사의 서장관으로 따라가서 당대의 석학인 옹방강과 사귀었는데, 이때 청나라 시에 감동받아, 지난날에 지었던 자신의 시들을 모두 불태워 버렸다. 그래서 그의 문집에는 그 뒤에 지은 시들만 전하는데, 이 시는 그 이듬해에 지은 것이다.

　　그는 청나라에서 돌아온 뒤에 승지가 되었다가 1813년에 곡산 부사로 부임하였다. 이때 아들 팽석(彭石)이 아버지를 따라왔다가 서울 집으로 돌아가게 되자 걱정하며 시를 지어 보냈다. 팽석은 이때 11세였던 맏아들 명준(命準:1803~1842)의 어렸을 적 이름인 듯하다. 자하는 자신이 좋아하던 소동파의 시를 차운하여 9수를 지었는데, 그 가운데 4수이다.

아비는 하찮은 벼슬에 집이나 그리워하는 나그네고
맑은 가을에 조정을 떠나 온 신하란다.
함께 왔다가 너를 먼저 보내고
이내 돌아가지 못하는 몸이 되었구나.

노을 질 무렵에 널 보냈는데
멍하니 앉아 있는 새에 새벽별이 보이는구나.
너 가는 험한 산길을 가만히 헤아려 보니
지금도 말 타고 망연히 가겠구나.

먼 길 걷느라 말도 지쳤고
사방 들판에선 풀벌레가 울겠지.
혼자서 가기엔 네 나이 아직 어리니
말채찍 잡는 법이나 아는지 모르겠다.

밤비가 쏟아질 모양이니
구름 헤쳐 낼 칼이나 얻었으면.
길까지 멀어 나를 생각하느라고
어느 마을 주막에서 울며 누웠겠구나.

   자하는 하찮은 벼슬하느라고 집을 떠나 있노라니, 아들을 돌려
보내면서 집이 더욱 그리워졌다. 자신이 아들과 함께 왔던 길을 아
들 혼자서 돌아갈 것을 생각하다 보니, 어느새 날이 밝아 왔다. 밤

을 꼬박 지새운 것이다. 지금쯤 어디를 가고 있을까. 말채찍 잡는 법이나 제대로 아는지 걱정되었고, 밤비가 쏟아질까봐 걱정되었으며, 아비를 그리워하며 주막에서 울고 있을 것도 걱정되었다. 시간이 지나가는 모습과 그에 따라 걱정하는 자하의 모습이 시 한 수한 수에서 차례로 그려져 있다.

자하의 시집에는 아들들을 생각하며 지어 보낸 시가 많이 있다. 그는 60세에 호조참판이 되었는데, 이듬해 고희 잔치를 하고 6개월 휴가를 얻어 9월부터 관북지방을 여행하였다. 맏아들 명준처럼 시 · 글씨 · 그림에 뛰어난 둘째 아들 명연이 홍원 부사로 부임해 있었기 때문이다. 명연의 그림 가운데 〈산수화훼도첩〉과 〈화조도 花鳥圖〉가 국립중앙박물관에 소장되어 있다. 아들들을 두루 찾아다니며 노닐던 자하는 이듬해에 76세로 세상을 떠났다. 부귀영화를 골고루 누리고, 시와 그림 글씨로 이름을 날린 한 생애였다.

내가 지은 시도 읽어 보아라

순조

순조(1790~1834)의 맏딸인 명온공주(明溫公主)가 어린 시절에 오언절구를 지어, 문안 편지와 함께 아버지 순조에게 바치면서 평을 부탁하였다.

낮것 잡수시고, 안녕히 지내시옵니까. 이 글은 소인이
지었사오니 살펴보시고, 어떠한지 보아 주시기를
바라옵니다.

구월 가을 서릿밤이 기니
등잔꽃 가벼운 모습을 홀로 대하네.
머리를 숙이고 멀리 고향을 생각하고
창 너머로 기러기 우는 소리를 듣네.

명온공주가 아직 어린 시절이었으니, 궁 안에 살면서 보낸 편지인 듯하다. 그래서 별달리 문안을 드리지 않고, 점심식사를 하였는지만 물었다. 낮것이란 낮때 드는 것을 가리키는데, 국수나 떡 같은 별식이다. 순조는 딸의 시를 읽어 보고, 곧 답장을 보냈다. 셋째 구절은 아버지를 생각하는 마음이라면서 공주의 시를 칭찬하고, 옥촉명(玉燭明)을 등화경(燈花輕)으로, 문홍명(聞鴻鳴)을 청안성(聽雁聲)으로 고쳐서 보냈다. 그리고는 이 시에 답하여 딸 생각하는 시를 지어 보냈다.

(네) 글씨 보니 든든하다. (나도) 이 글 오언절구를
지었기에 두어 구절 고쳐 보내니 읽어 보아라. "머리를
숙이고 멀리 고향을 생각하고"란 구절은 나를 생각하는
것 같아 그윽히 감사하노라.

산속 창가에 나무 떨어지는 소리가 들려
몇 첩이나 시인의 시름을 자아내네.
파리한 달이 꿈가에 외로우니
꺼져 가는 등불은 누구를 위해 켜져 있나.
이 글도 또한 여사를 생각하는 것이로다.

이병기는 《근조내간선 近朝內簡選》에 이 편지를 소개하며 익종이 지은 편지라고 하였다. 익종은 순조의 맏아들이자 명온공주의 오

라버니인 효명세자인데, 두 사람은 순원왕후가 낳은 동복남매이다. 효명세자는 22세에 죽었으니, 만약 명온공주가 이 편지를 효명세자에게 보냈다면 아주 어린 나이에 보냈음을 알 수 있다. 그러나 김일근이 나중에 《언간의 연구》를 간행하면서, 이 편지가 순조의 편지라는 것을 밝혀냈다.

순조나 명온공주나 별다른 고향이 있을 리가 없으니, 이 시에서 말하는 '고향'이나 '기러기 우는 소리'는 모두 시인들의 관용어이다. 즉 명온공주는 다른 시인들이 기러기 울음 소리를 듣고 고향 그리워하는 마음을 짐작하여, 마치 자신의 감정인 것처럼 시를 지은 것이다. 공주는 평소에도 구중궁궐에 들어앉아서 심심파적으로 많은 시를 지었을 것이다.

궁궐 밖의 경험이 없기는 순조도 마찬가지이지만, 공주의 시에서 셋째 구절을 읽으며 딸이 아버지 그리워하는 마음인 것을 알았다. 고향을 그리워한다는 것은 바로 고향집에 있는 부모를 그리워하는 마음이기 때문이다. 순조는 딸의 시에서 "문홍명 聞鴻鳴"이라는 세 글자를 "청안성 聽雁聲"이라는 글자로 고쳐 주었다. 문(聞)은 "들린다"는 뜻이고, 청(聽)은 "듣는다"는 뜻이다. 그래서 《중용》에서도 "귀신의 덕은 대단하다. 보려 해도 보이지 않고〔視之而不見〕, 들으려 해도 들리지 않는다〔聽之而不聞〕"라고 하여 두 글자를 구분해서 썼다. '문'은 시인이 아무런 생각도 하지 않고 있는데 기러기 울음 소리가 들려 왔다는 뜻이고, '청'은 창 너머에서 들려오는 소리가 무슨 소리인가 귀 기울여 들었다는 뜻이다. 역시 어린 딸보다는 아버지의 시 다루는 솜씨가 더 뛰어난 것을 알 수 있다.

딸이 "창 너머로 기러기 우는 소리가 들린다"고 한 구절을 "창 너머로 기러기 우는 소리를 듣네"라고 고친 뒤에, 순조는 "꺼져 가는 등불은 누구를 위해 켜져 있나"라고 화답하였다. 딸이 기러기 울음 소리를 들으며 고개 숙이고 고향집과 부모를 생각하자, 아버지도 잠 못 이루고 딸 생각을 한다는 뜻이다. 혹시라도 어린 딸이 그 구절의 뜻을 알아주지 못할까 염려되어, "이 글도 또한 여사를 생각하는 것이다"라고 설명까지 덧붙였으니, 딸을 생각하는 아버지의 마음이 정겹게 느껴진다.

6장

하늘로 돌아가 누운 너는 편하겠지만

네가 무슨 죄 있다고
내 재앙을 대신 받았느냐

김종직

한퇴지의 창자가 백 년이나 쓰리고 아팠는데
네가 무슨 죄 있어 내 재앙을 대신 받았느냐?
재주와 명예가 뛰어나리라고 그 누가 말했던가
의원과 무당도 결국 황당함을 알겠네.
손에 쥐었던 구슬이 이제는 깨끗이 흙으로 돌아갔는데
네 말소리는 아직도 마루에서 또렷하게 들리는구나.
외가로 잘 가서 몸과 넋을 편히 쉬거라.
속함 땅의 산수도 타향이란다.

점필재 김종직은 40세에 첫아들 목을 보았는데, 5세 되던 1474년
에 홍역으로 죽었다. 그는 이때 71세 된 어머니를 모시기 위해 함
양 군수를 자원해 와 있었으므로, 아들을 고향 땅에 제대로 장사지

내지 못하고 함양에 임시로 초빈하였다. 이 시의 원제목이 길다. 〈목아를 우선 성 서쪽 석복리에 초빈해 두었다. 장차 금산 미곡촌에 있는 외할머니 이씨의 묘소 곁으로 옮겨 묻으려 한다. (그래서 우선) 이 시를 지어 (그를) 보낸다〉

점필재는 목아를 땅에 묻지도 못하면서, 당나라 시인 한퇴지가 초빈했던 딸의 묘를 찾아갔던 이야기를 끌어들여 자신의 아픔을 표현하였다. 한퇴지는 조주자사로 좌천되어 가는 길에 작은딸이 죽자, 층봉역 산 밑에 임시로 초빈해 두고 길을 떠났는데 그 후 사면받고 조정으로 돌아오게 되어 그 딸의 묘에 들러 자신의 아픔을 이렇게 표현했었다.

두어 가닥 등넝쿨로 목피관을 꽁꽁 묶어
황량한 산에 초빈하니 백골이 춥겠구나.
너를 죽게 한 것도 내 죄 때문이니
백 년 동안이나 가슴이 아파 눈물이 줄줄 흐르는구나.

〈애녀시 哀女詩〉

혼이여, 이리로 오너라

임제

네 용모가 남보다 빼어나고
네 덕성이 하늘에서 타고났었지.
부모 슬하에서 열다섯 살까지 자라다가
시집가서 이제 6년 되었지.
어버이 섬긴 일이야 내 아는 바고
시부모도 잘 모셔 칭찬들었지.
하늘이여! 귀신이여!
내 딸이 무슨 허물 있던가.
한 번 병들어 옥이 깨졌으니
이런 일이 또 어디 있으랴.
아비도 병들어 가 보지 못하고
울부짖고 통곡하니 기가 막히구나.
너는 이제 저승으로 가 버렸으니

너를 만날 인연이 없어졌구나.
네 어미는 지금 서울에 가서
너희 외할머니 앞에 있단다.
네 죽음을 알게 한다면
약한 몸을 보전하기 어려우리라.
부음을 듣고 나흘 지나서야
금수 가에다 망전(望奠)을 차린다.
술과 과일을 조촐하게 차려 놓고
샘물을 떠다가 사발에 부었다.
어미는 멀리 있어도 아비가 여기 있으니
혼이여, 이리로 오너라.
샘물로 네 신열을 씻어 내고
술과 과일로 네 목을 축이거라.
울음을 그쳤다가 또 통곡하니
네 죽음이 너무나 가엾구나.
가을 하늘이 구만리 아득해
이 한이 끝까지 이어지는구나.

백호(白湖) 임제(林悌:1549~1587)의 맏딸이 15세에 김극녕에게 시집갔다가, 21세 젊은 나이로 일찍 죽었다. 그때 백호의 아내는 병으로 친정에 가서 조리하고 있었고, 백호 자신도 병으로 고향에 누워 있었다. 그래서 부모 모두 딸의 마지막 모습을 보지 못하였다.

백호는 영산강 가에다 제상을 차려 놓고, 멀리 딸이 죽은 곳을 바라보며 이 글을 지어서 제사지냈다. 젊은 시절 서도 병마사로 부임하다가 황진이 무덤에 술 한 잔 따르고 시조 한 수 읊었다는 죄 때문에 임지에 도착하기도 전에 파직당했던 그가, 이제는 죽은 딸의 제상을 멀리 차려 놓고서 술 한 잔을 따르며 이 시를 지어 딸의 넋에게 부친 것이다. 백호도 얼마 못 가 39세 젊은 나이로 세상을 떠났다.

너도 역시 이 아비의 마음을 알고 있겠지
조익

　　포저(浦渚) 조익(趙翼:1579~1655)은 5남 1녀를 낳았는데, 막내로 낳은 고명딸을 귀엽게 길러 16세 되던 해에 이상주에게 시집보냈다. 이상주는 인조반정의 공신인 연평부원군 이귀의 증손자로, 할아버지 이시백은 병조판서였고, 아버지 이각은 광주 목사였으니, 당대 최고의 문벌이었다. 포저는 사위 이상주도 군계일학인데다 시집간 딸까지 시부모의 사랑을 받았으니, 부러울 것이 없었다.

　　그러나 두 손녀딸이 모두 죽더니 사위도 잇달아 죽고, 끝내는 딸마저 죽더니 딸이 낳았던 유복자까지도 죽었다. 딸이 세상에 살았던 자취가 완전히 없어진 것이다. 그래서 죽은 딸에게 편지를 써, 자신의 아픈 마음을 달랬다.

　　슬프다! 내가 너를 낳고 기를 때에 나는 오로지 네가

아름다운 배필에게 시집가서 내외가 늙을 때까지 함께
화목하게 살고, 또 많은 자손을 낳아 기르며, 세상의 온갖
복을 다 누리기를 바랐다. 그 뒤에 너는 과연 훌륭한
배필을 만났고, 집안도 화락하였으며, 영특하고 잘생긴
아이도 낳았다. 그리하여 나는 평소의 내 소망이
이루어졌다고 기뻐했었다.

그런데 몇 년 사이에 너의 두 아이가 잇달아 죽더니,
아이가 죽은 지 몇 달 뒤에 너의 남편도 남쪽 지방에 가서
죽었다. 너는 남편의 병이 위독하다는 소식을 듣고 남쪽
지방으로 달려가 겨우 얼굴을 보았지만, 그때 이미 네
남편은 말도 하지 못했었지. 그때 슬퍼했던 네 마음이
어찌 건강을 해치지 않았겠느냐.

나는 그때 너에게 편지를 보내 위로하면서 억지로라도
음식을 먹어 건강을 돌보고, 또 뱃속에 든 아이의 건강도
돌봐야 한다고 했었다. 내가 간절히 바란 것은 너라도
죽지 않고 그 아이를 낳아, 아비의 제사를 잇도록 하는
것이었다. 다행히 그 해 9월에 네가 남자 아이를
낳았는데. 그 모습이 단정하고도 남달라서 우리 내외와
네가 모두 불행 중 다행이라고 스스로 위로받았다.

그런데 그 아이가 태어난 지 1년 만에 네가 또 죽었다.
너의 내외와 너의 아이들이 모두 연기처럼 사라져 이
세상에서 다시는 볼 수 없게 되었으니, 세상의 재앙 중에
이처럼 참혹한 일이 또 있단 말이냐?

하늘은 왜 내 딸에게만 이처럼 혹독하신가. 너의

후덕하고 유순한 성품이 다른 여자보다 남달리
뛰어났는데, 왜 이처럼 참혹한 화를 받아야 하느냐? 내가
하늘에 대해 지은 죄가 커서 이같이 간장이 찢어지는
형벌을 받는 것이냐?

너는 올해 정월에 병에 걸렸는데, 처음에는 아주 하찮은
감기라 생각하고 크게 염려하지도 않았지. 그러다가 구토
증세가 생기면서부터 차츰 걱정스러워지기 시작하였지.
그러나 그것 때문에 네가 죽으리라고야 어찌
생각했겠느냐?

아아! 슬프구나. 올해 4월에 너를 서울로 올려보냈는데,
그때 우리는 울면서 헤어졌었지. 그것이 마침내 너와의
영원한 이별이 될 줄이야 누가 알았겠느냐? 내가 8월에
너를 보러 올라가다가. 소사에 이르러 뜻밖에 일이 생겨
집으로 돌아왔었다.

하늘이여. 이 무슨 일인가. 슬프구나. 네 얼굴이 내 눈에
남아 있고 네 말소리가 내 귀에 남아 있으니, 내 마음의
아픔이 어느 때에야 그치겠느냐? 아아! 이승에서는 너를
끝내 볼 수 없을 테고, 언제 내가 죽어 지하에서 다시
너를 본단 말이냐? 나도 이젠 몸이 쇠약해지고 나이도
들었으니, 만날 날이 아마도 멀지는 않을 것이다.

지금 너를 장사지내는 의식을 막 거행하기에, 너의
영전에 앉아서 이렇게 너와 영결하게 되었다. 지금
이렇게 부르짖는 내 마음은 찢어지는 듯해서, 주변의
모든 산천이 빛을 잃는 듯하구나. 너도 역시 이 아비의

마음을 알고 있겠지?

아아! 슬프고 애달프구나.

포저의 딸은 25세 되던 1644년 9월 12일에 죽어, 공주 선산에 남편과 함께 합장되었다. 포저는 이 글을 지어 딸의 제사를 치른 뒤에, 〈망녀묘지문 亡女墓誌文〉을 지어 딸이 한세상을 살다가 떠난 과정을 기록하였다. 포저는 좌의정까지 지냈는데,《포저집》35권 18책 가운데 이 글들이 실려 있다.

내가 통곡한다고 네가 말하지는 않겠지만

윤선도

    고산(孤山) 윤선도(尹善道:1585~1671)는 둘째 아들 의미(義美)가 1636년에 세상을 떠나자, 슬퍼하며 시를 지었다. 의미는 글도 잘 지어 일찍이 진사에 합격하였기에 고산이 많은 기대를 걸었던 아들인데, 25세 젊은 나이에 세상을 떠났다. 의미의 아내까지도 어린 아이 셋만 남기고 남편을 따라 자결해서 한 무덤에 묻혔다.

    내가 통곡한다고 네가 말하지는 않겠지만
    네 재주는 참으로 짝이 없었지.
    착하게 살아 온 스물다섯 해
    그 죽음 천추에 슬프기만 하구나.
    네 아내도 자결해 함께 묻히고
    세 아이는 하늘이 남겨 놓았으니,

가을바람 불고 달 밝은 밤이면
내 어찌 다락에 차마 오르겠느냐?

　고산은 그 전해에 성주 현감으로 부임하여 잘 다스렸는데, 경상 감사가 해묵은 감정 때문에 뜬소문을 덧붙여 그를 파직시키라고 아뢰었다. 임금은 끝내 듣지 않았지만, 고산은 고향으로 돌아가 문을 닫아걸고 스스로 몸을 지켰다. 의미가 죽은 병자년(1636)에 청나라 오랑캐들이 쳐들어와 인조는 남한산성으로 피난갔으며, 고향 해남에서 이 소식을 들은 고산은 의병을 이끌고 강화도로 달려갔다. 그러나 강화도에 도착하고 보니 강화성이 이미 함락된 뒤였으므로, 고산은 통곡하며 하루를 머물다가 다시 해남으로 돌아왔다. 고산은 아들 잃은 슬픔과 임금이 오랑캐에게 항복한 쓰라림을 함께 겪으며 이 한 해를 보냈다.

　그 이듬해에 조정 대신들이 여러가지 이유를 꾸며서 고산을 탄핵하였는데, 강화도까지 왔으면서도 남한산성으로 달려와 임금에게 문안드리지 않았다는 것이 가장 큰 죄였다. 고산은 결국 1638년에 경상도 영덕으로 귀양갔다가 이듬해에 용서받아 보길도로 돌아와, 〈어부사시사〉 등의 시조를 지으며 여생을 보냈다.

이 아비의 술잔을 와서 들거라

정철

　선조는 후궁에게서 많은 아들을 낳았지만, 왕비에게서 낳은 아들은 없었다. 그래서 세자 정하기를 늦추고 있었는데, 이때 송강 정철이 임금의 속을 모르고 세자를 결정하자고 청했다가 크게 노여움을 받았다. 송강은 이 때문에 1591년 2월 사직을 청하여 허락 받고, 3월에 용산 강가로 나와서 명을 기다렸다.

　결국 송강은 윤3월에 파직되고, 6월에 진주로 유배가도록 결정되었다. 그런데 유배지로 떠나기 직전 둘째 딸이 죽었다는 소식을 들었다. 딸의 빈소에도 가 볼 수 없었던 송강은 대신 제문을 지어 보냈다. 이 제문은 죽은 딸에게 보내는 편지 형식이다.

　　최씨 집안에 시집갔다가 죽은 딸에게.

　　만력 19년(1591) 신묘 6월 어느날 네 아비 늙은 송강이

256

임금의 견책을 받고 지금 바닷가에 물러와 있으므로,
(직접 가 보지는 못하고) 멀리 네 빈소에서 일 보는
사람으로 하여금 내 대신 한 잔 술을 따라 죽은 딸 최씨
부인의 영전에 부어 준다.

아아! 너는 본디 성품이 인자하고 유순하며, 자질이
아름답고도 맑아서, 새삼 연마하지 않아도 곧 금(金)이고
옥이었지. 내가 네 배필을 고를 때에 사랑에 눈이 멀어
병든 사람에게 출가시켰다가 두어 달 만에 네 남편이
죽으니, 네 나이 겨우 스물둘이었다.

몹시 유약하던 네가 이런 참변을 당하여 절제 없이
통곡하며 죽기로 작정하고 먹지 않아 하루에도 몇 번씩
기절하니, 내 차마 가까이할 수 없었다. 너는 3년상을
치른 뒤에도 더욱 조심하며, 소복과 거친 음식으로 12년을
보냈지. 날이 갈수록 말라가는 것을 애틋하게 여겨
고기라도 먹으라고 권하면, 가슴 속에 맺힌 통한에
말보다 눈물이 앞섰지. 네 뜻을 바꿀 수 없는 것을 알고,
나도 아무 말 없이 마주앉아 목메어 슬퍼할 뿐이었다.
그러다가 결국은 고질병을 얻어 오랫동안 천식 때문에
얼굴이 말라붙더니, 목숨을 부지할 수 없게까지 되었구나.
(음식을 먹으라고 이 아비가) 예전에 하던 말을 되풀이하면,
너는 차츰 아비 말을 따르겠다고 하면서도 또 시일을
끌어 왔지. 죽기 며칠 전에야 맛있는 음식을 먹겠다고
자청하면서, "부모의 명을 어기면 효도가 아니다. 내 장차
죽을 것이니, 잠깐 본뜻을 굽히리라" 하였다는데, 정말

오래지 않아 죽었구나.

아아! 저 푸른 하늘이여. (너에게) 덕은 주고 수명은
아꼈으니, 천리(天理)가 어찌 이다지도 아득한가. 네가
일찍 죽은 것을 천명이라고는 하겠지만, 사람의 잘못도
있었다. 추운 겨울 차가운 방에 얼음과 눈발이 살에서
나올 정도였으니, 성한 사람이라도 견디기 어렵거든 병든
몸으로 어찌 부지할 수 있었겠느냐.

네 집안이 본래 가난하여 쌀과 반찬이 자주 떨어졌었지.
너는 남편의 집과 사정이 맞지 않자 조그만 집 한
칸이라도 마련해 제사범절을 받들어 보려는 것이 평생의
지극한 소원이었지만, 힘이 모자라 뜻을 이루지 못했지.
여러가지 군색한 일로 종종 마음을 상하며 속으로 녹아
들어, 불치의 병에 이르게 되었지.

시원찮은 의원에게 맡긴 것도 오히려 이 아비가 자상치
못했다고 말할 만한데, 이렇게 요절하는 것이야말로 이
아비의 잘못이니, 백 년 동안 뼈아프게 뉘우쳐도 어쩔 수
없는 일이구나. 더욱 통탄할 일은 병들었을 때에 서로
만나 보지 못하고, 죽을 때에도 영결하지 못한 것이다.
한 조각 밭과 잔약한 노비나마 하사받은 것을 너와 함께
나눠 가지려고 문서를 작성하였지만, 네 병이 위독하므로
네 마음이 불안해질까 걱정되어 비밀에 부쳐 두고 말하지
않았는데, 나의 이러한 마음을 네가 아느냐, 모르느냐?
이제 네가 믿을 곳이라곤 영서(迎曙)에 있는 새
무덤뿐이니, 오직 남편만 의지하거라. 살아서 겪은 슬픔은

비록 괴로웠지만, 죽어서 즐거울 것은 틀림없다. 이것이
오직 네 소원이었으니, 나 역시 (너 죽은 것을) 어찌
슬퍼하겠느냐.
더구나 고양(高陽)에 모신 우리 선산과 서로 마주보게
되었으니, 뒷날 (우리의) 혼백이 서로 함께 날아오를
것이다. 그렇게 되면 우리 부녀가 인간 세상에서의
기쁨은 비록 적었지만 지하에서의 즐거움은 끝없을 테니,
또 무엇을 슬퍼하겠느냐.
너도 괴로운 생각들을 잠시 덜어 놓고, 이 아비의 술잔을
와서 들거라. 상향.

〈제망녀최가부문 祭亡女崔家婦文〉

　송강이 25세에 낳은 둘째 딸은 최오에게 시집갔다가 곧 과부가
되었다. 평생 청상으로 가난하게 살던 둘째 딸을 송강은 늘 애틋하
게 여기고 재산까지 나눠 주려 했는데, 임금에게 죄를 지어 귀양갈
준비를 하고 있었기에 딸의 임종이나 초상에도 가 볼 수가 없었다.
사대부 집안에서는 딸이나 며느리가 수절하는 것을 당연하고도
자랑스럽게 여겼지만, 송강은 수절한 딸의 인간적 고뇌를 가슴 아
프게 보아 왔었다. 그러한 마음을 이 제문에 담아 딸의 빈소에 보
냈다.

마흔에 바삐 가는 사람을 내 어찌 하겠느냐

신위

자하 신위(申緯)는 문과에 장원급제하여 대사성·대사간·대사헌의 중요 벼슬을 역임한 신대승(申大升)의 아들로 태어나 예조좌랑 조윤형의 딸과 결혼하였지만, 조씨(曺氏)는 끝내 자식을 낳지 못하였다. 자하의 4남 2녀는 모두 첩인 조씨(趙氏)가 낳았다.

그런데 자하의 맏아들 명준(命準)도 아버지를 닮아 시와 그림으로 이름났으므로, 세상 사람들이 송나라 서화가 미불과 미우인 부자를 대미와 소미라고 불렀던 것처럼, 이들 부자를 대하(大霞)와 소하(小霞)라고 불렀다. 명준은 아우 명연과 아울러 시를 잘 짓는 것으로도 이름이 났다.

명준이 그린 그림에다 자하가 지어 준 시가 많이 전할 정도로 이들은 사이 좋은 부자이자 사제지간이기도 하였다. 그런데 이렇게 사랑하던 맏아들이 자신보다 앞서서 세상을 떠나자 자하는 가슴 아파하며 시를 지었다.

강소성, 절강성 사람들이
대하, 소하라고 불렀는데
소하는 먼저 가고
대하가 탄식했었지.
어려서부터 익힌 시와 그림 솜씨가
삼매경에 통한 데다
효성스럽게 솔선 봉양하여
한 집안을 감화시켰지.
현감 노릇하다 죽었건만
벼슬 보따리는 텅 비어,
마을 사람들이 흐느끼며
네 상여를 전송하는구나.
책 읽어 글을 남길 정도로
지식은 끝없었건만,
마흔에 바삐 가는 사람을
내 어찌 하겠느냐.

명준은 음성 현감 벼슬까지 지냈지만 청렴결백하여, 세상을 떠
났을 때엔 살림 하나도 제대로 남아 있지 않았다고 한다.

조선시대에는 명분을 중요하게 여겨, 적자가 없으면 서자가 아
무리 많아도 양자를 들였다. 국법에는 서자가 없어야 양자를 들일
수 있게 되어 있었으나, 임금에게 "서자가 없으니 양자를 들이게
해 달라"고 거짓으로 청원하면서까지 양자를 들였다. 자신의 핏줄

인 서자보다도 남의 자식을 얻어다 양자 들이기를 더 좋아했던 것
이다. 그래야만 과거도 볼 수 있었고, 다른 집안에 기울어지지 않
았기 때문이다. 그렇지만 자하는 양자를 들이지 않고, 서자 명준에
게 집안의 대를 잇게 하였다. 그만큼 시대를 앞서갔던 것이다.

자하의 장인 조윤형은 초서와 예서를 잘 썼으며, 풀과 바위와 대
나무도 잘 그렸다. 그리고 처조부 조명교는 예문관 대제학을 지낸
학자이자 문장가였는데, 역시 글씨에 뛰어났다. 자하에 이어 명준
까지도 시와 그림으로 이름을 날렸으니, 명준의 예술도 그 집안 분
위기에서 무르익었음을 알 수 있다. 명준의 그림 가운데 대표적인
작품은《열상정화첩 洌上精華帖》에 실린 〈산수도〉이며, 자하의《경
수당집》과 이상적의《은송당집》에 보면 명준이 지어 준 화제가 많
이 실려 있다.

네가 아비 생각하던 정에 보답하련다

정약용

조선시대 사대부들 가운데 다산만큼 자녀를 사랑한 사람도 드물다. 누군들 자기 자식을 사랑하지 않았으랴만, 다산은 그 사랑을 간절한 글로 표현하였다. 속으로는 사랑하면서도 행여 버릇이 나빠질까봐 겉으로 엄격하게 대한 다른 선비들과 비교하면, 다산은 분명 시대를 앞서간 선각자였다.

그런 다산이 사랑하던 막내아들 농아가 죽었는데, 다산은 그때 유배지 강진에 있었으므로 임종이나 장례에 함께할 수 없었다. 그래서 농아에게 마지막 편지를 써 보내며, 형에게 무덤에 찾아가 읽어 주라고 하였다.

농아는 곡산에서 잉태하였으며, 기미년(1799) 12월 초이튿날 태어나 임술년(1802) 11월 30일에 죽었다.

발진이 나서 마마가 되더니, 마마가 헐어서 죽게 된
것이다. 내가 강진에서 귀양살고 있는 중이었기 때문에
(직접 가 보지는 못하고), 글을 지어 그 애 형에게 주면서,
무덤 앞에서 울며 읽어 주게 하였다. 농아의 죽음 앞에
울며 부치는 글은 이렇다.

네가 세상에 태어나 세상에 살다가 세상을 떠날 때까지의
기간은 겨우 세 해뿐인데, 나와 헤어져 산 기간이 그
가운데 두 해나 되었다. 사람이 60년 동안 세상에 산다면
40년 동안이나 그 아비와 헤어진 채로 살았던 셈이니,
참으로 애달픈 일이다.

네가 태어날 때에 나는 깊이 걱정할 일이 있었으므로, 네
이름을 농(農)이라고 하였다. 내가 이미 고향집에 돌아와
있을 때라서 너를 살아가게끔 하는 일은 농사뿐일 테고,
그렇게라도 하는 것이 죽는 것보다는 현명하다고
생각했기 때문이었다. 그래야만 내가 죽더라도 마음 놓고
황천 고개를 넘어갈 수가 있고, 한강을 건너갈 수도 있을
것이라고 생각했기 때문이었다.

이렇게 생각하면 나의 죽음은 사는 것보다 현명할 수도
있었다. 나의 죽음이 사는 것보다 현명한 일인데도 나는
아직까지 살아 있고, 너의 생존이 죽는 것보다 현명한
일인데도 너는 죽어 버렸다. 그러니 (네가 살고 죽는 일이)
나의 힘으로 할 수 있는 일은 아니었나 보다.

내가 네 곁에 있었다고 해서 네가 꼭 살아날 수 있었던
것은 아니지만, 네 어미가 보낸 편지를 보니 네가 말하길,

"아버지가 내게 돌아오셔도 발진이 나고, 아버지가
돌아오셔도 마마에 걸렸을까요" 했다더구나. 네가 무슨
생각이 있어서 그런 말을 했겠느냐만, 너는 내가 네
곁으로 돌아오기만 하면 아비를 의지할 수 있을 것
같아서 그런 말을 했을 테지. 네 소원을 이뤄 주지 못한
게 참으로 슬프구나.

(내가 귀양길을 떠나던) 신유년(1801) 겨울에 과천 주막에서
네 어미가 너를 안고 나를 송별했는데, 그때 네 어미가
나를 가리키면서, "저분이 네 아버지시다" 했더니 너도
따라서 나를 가리키며, "저분이 우리 아버지다"라고
했었지. 아버지가 어떻게 돼서 아버지인지도 모르면서
네가 그런 말을 했기에, 나는 더욱 슬픔이 복받쳤단다.

(내 귀양집의) 이웃 사람이 가는 편에다 소라 껍데기 두
개를 네게 전해 주도록 했더니, 네 어미 편지에, 너는 강진
사람이 올 때마다 소라 껍데기를 (가져왔나) 찾았고, 받지
못하면 마음속으로 몹시 섭섭했다고 썼더구나. 이제 네가
죽은 뒤에야 소라 껍데기를 다시 보내게 되었으니,
슬프기 그지없구나.

네 얼굴은 빼어나고 깎은 듯한 데다, 코의 왼쪽에 조그만
점이 하나 있었지. 네가 웃을 때에는 양쪽 송곳니가
유난히 툭 튀어나오곤 했었지. 아아! 슬프구나. 나는 오직
네 모습만 생각하고 잊지 않으며, 네가 아비 생각하던
정에 보답하련다. (집에서 온 편지를 보니, 네 생일날
묻었다고 하더구나)

이 글의 원제목은 〈농아광지 農兒壙志〉로, 묘지(墓志) 형식으로
쓴 편지이다. 편지 첫머리에는 이 편지를 쓴 동기와 아비 대신에
형이 찾아가 읽어 주게 된 이유를 밝혔다. 그 다음부터가 막내아들
농아에게 쓴 편지이다.

한창 재롱부리던 나이에 마마를 앓다 죽은 농아를 그리워하며,
다산은 뒷날 〈종두설 種痘說〉이라는 글을 짓고, 《종두방 種痘方》이
라는 책을 엮었다. 다시는 조선 땅에 농아같이 불행하게 죽는 어린
이가 없기를 바라는 마음에서 많은 사람들에게 마마 예방법을 설
명한 것이다.

다음 글은 다산이 낳았던 아홉 남매의 삶과 죽음에 관한 기록이
다. 농아에게 직접 보내는 편지는 아니지만, 막내를 잃은 다산의
아픔을 이해하기 위하여 소개한다.

나는 경자년(1780) 가을 예천 군청의 관사에서 낙태한
때부터 시작하여 (여러 차례나 아이를 가졌었다)
신축년(1781) 7월에 아내가 아이를 밴 채로 학질을 앓다가
팔삭동이 딸 하나를 낳았는데, 나흘 만에 죽었다. 이름도
짓지 못한 채, 와서(瓦署)의 언덕배기에다 묻었다.
그 다음에는 학연과 학유를 낳았는데, 다행히도 키워
내었다. 그 다음은 구장(懼牂)이고, 그 다음은 딸
효순(孝順)인데, 순산으로 효도했다고 해서 효순이라고
하였다. 이 아이들은 모두 요절했지만, 구장이와
효순이에게 간단한 묘지명을 지어 주었다. 실제로 무덤에

쓴 비명이 아니라, 책에만 기록해 둔 비명이었다. 그
아래로 딸 하나를 낳아 지금 열 살인데, 두 차례의 역질을
이미 다 마쳤으니 겨우 죽음은 면한 것 같다.

그 다음은 삼동(三同)인데, 마마에 걸려 곡산에서 죽었다.
이 아이가 죽을 때에 아내가 아이를 배고 있어서, 슬픔을
참고 그 아이를 낳았다. 그러나 겨우 열흘을 넘기고는 또
마마에 걸려, 며칠도 못 되어 죽어 버렸다. 그 아래가 바로
농장이다.

삼동이는 병진년(1796) 11월 초닷샛날 태어나
무오년(1798) 9월 초나흗날 죽었다. 삼동이 다음 아이는
이름도 짓지 못했고, 구장이와 효순이는 두척산
등성이에다 묻었다. 삼동이와 그 다음 아이는 두척산
발치에다 묻었다. 농아도 반드시 그 산 발치에다 묻었을
게다.

모두 6남 3녀를 낳았는데, 2남 1녀밖에 남지 않았다. 죽은
아이들이 4남 2녀나 되니, 죽은 아이들이 살아 남은
아이들의 갑절이나 된다. 오호라! 내가 하늘에서 죄를
얻어 이처럼 잔혹하게 되었으니, 어찌하면 좋으랴.

이 애비 의지하고 고이 잠들어라

구장이 죽었을 때에도 다산은 자기의 슬픔을 시에 담아서, 아들
의 죽음 앞에 보냈다.

네가 나를 보내던 모습이 생각난다.

옷자락 부여잡고 놓아 주질 않았지.

돌아와도 네 얼굴엔 기쁜 빛이 없고

원망하듯 그리워하듯 그런 기색만 비쳤지.

마마로 죽는 거야 내 어쩔 수 없다지만

등창으로 죽었다니 무언가 잘못됐구나.

웅담을 썼더라면 나쁜 기운 다스려

그런 독이 남몰래 자랄 수 있었겠느냐?

인삼 녹용이나 달여 먹여 볼 것을

냉약이 그렇게도 망할 약이었구나.

지난번 모진 괴로움을 네가 겪고 있었을 적에

애비는 한창 질탕하게 즐기고 있었지.

푸른 물결 한가운데서 장구 치며 놀기도 했고

술집에서 기생 끼고 놀기도 했었단다.

내 마음 거칠었으니 재앙받아 마땅하지.

이러고야 제 어찌 천벌을 면하겠느냐.

내 너를 초천으로 데리고 가서

서산 언덕 양지쪽에 묻어 주리라.

나도 장차 거기 가서 늙을 터이니

이 애비 의지하고 고이 잠들어라.

그는 이 해 겨울 《시경강의》 8백여 조를 바쳐 정조에게 칭찬 들
을 정도로 전성기에 있었는데, 학문과 벼슬에 열중하느라 자식이

등창으로 괴로워하는 것도 몰랐다. 30세가 되던 이 해에 사랑하던 아들 구장이 세상을 떠나자 자식의 병에 무심했던 잘못을 뉘우치며 이 시를 지었다.

　그는 출세하느라 바빠서 아들의 병도 제대로 돌봐 주지 못한 뉘우침과 아쉬움을 이 한 편의 시에 담았다. "네가 아플 때 나는 장구 치며 놀기도 했고, 술집에서 기생 끼고 놀기도 했다"는 구절은 아들의 죽음 앞에 선 아버지 다산의 뉘우침이자 양심선언이다. 다산은 그 뒤에 의학에도 관심을 두어 많은 글을 지었다.

땅 속에는 젖이 없어 굶고 있겠구나

이덕무

시월 빈 산에다
아주 너를 내다 버리고 생각해 보니
땅 속에는 젖이 없어
너는 이제 굶고 있겠구나.
인삼이 있다 한들
죽는 자를 어찌 붙잡으랴.
고황에는 기술도 소용 없으니
나도 의원을 원망하진 않으리라.

청장관(靑莊館) 이덕무(李德懋:1741~1793)는 글을 잘 지었지만 서얼 출신이었으므로, 문과에 응시하지 못했다. 그런데 정조 임금이 규장각을 설치하면서 특별히 검서관(檢書官)이라는 직책을 만

들어, 그를 비롯한 유득공·박제가·서이수 등의 서얼들을 임명하여 벼슬길에 오르게 되었다. 능력이 있으면서도 벼슬길에 오를 수 없었던 서얼들에게 특별히 전문직 벼슬을 만들어 준 것이다. 세상에서는 이들을 4검서라고 불렀다.

이덕무는 어린 시절부터 책 읽고 글 쓰기를 즐겼다. 그가 18,9세 때 자신의 서재 이름을 '구서재 九書齋'라고 한 것만 보아도 책에 대한 그의 야심과 포부를 알 수 있다. 독서(讀書)·간서(看書)·장서(藏書)·초서(鈔書)·교서(校書)·평서(評書)·저서(著書)·차서(借書)·폭서(曝書)의 아홉 가지 작업을 자신의 조그만 서재 안에서 다 해 보겠다는 자부심을 그 이름 안에 담았던 것이다.

이덕무는 16세에 백사굉의 딸에게 장가들어, 21세 되던 해에 딸을 낳았다. 그러나 이 딸은 이덕무가 23세 되던 해 10월 13일에 세상을 떠났다. 3세의 어린 나이로 요절한 것이다. 그는 슬픔을 달래기 위해 이 시를 짓고, 명(銘)을 지어 딸과 함께 땅에 묻었다.

사랑한대도 이젠 만날 수 없어

심씨

참담한 햇빛 속에
슬픈 바람 속에,
얼어붙은 마음으로
연기처럼 흩어져 갔구나.
온통 센 머리로 혼자 앉아
피눈물 흘린다지만,
사랑한대도 이젠 만날 수 없어
마음의 구곡간장 마디마디 맺혔구나.
저 푸른 하늘아 말 물어 보자
내 무슨 죄가 있단 말인가.
옥비녀 금노리개 아리따운 딸
땅 속에다 혼자만 묻는단 말이냐.
산엔 아무도 없이 나뭇잎만 떨어지고

강에는 물결 일어 흐느끼는데,
처량한 백양나무 위에
차가운 달만 밝게 비치는구나.
나만이 끝없는 한 맺혔으니
세상 끝나도록 스러지지 않을 게다.

　신춘소에게 시집간 심희세의 딸 심씨가 딸이 죽자 장사지내면서 지은 제문이다. 딸이 죽었기에, 어머니의 눈에는 햇빛도 참담하게 보였고, 바람도 슬프게 느껴졌다. 산속에 무덤을 파고 딸을 묻었으나, 어린 딸을 혼자만 두고 갈 수가 없었다. 사람들이 다들 가 버리고 아무도 없는 산속에 어머니만 남아, 떨어지는 나뭇잎 하나만 보아도 죽은 딸을 생각하고, 흘러가는 물결 소리만 들려도 따라서 흐느낀다. 백양나무 위에 차가운 달이 밝게 비칠 때까지, 어머니는 죽은 딸의 무덤 곁을 떠나지 못했다. 집으로 돌아온 뒤에도, 자식을 저 세상에 먼저 보낸 어머니의 한은 세상 끝날 때까지 스러지지 않을 것이다. 여느 어머니들은 그 한을 신세타령으로 달랬는데, 심씨는 딸에게 편지를 써서 달랬다. 아마도 죽은 딸이 보고 싶을 때마다 계속 시를 쓰고 편지를 썼을 것이다.

서로 어울려 사는 법을 너 혼자 배워 보아라

글이야. 네가 너무나 깊이 잠들었기에, 깨우지 않고 그냥
나왔다. 그래도 아빠가 마지막으로 "글이야 잘 있어라.
아빠는 한국에 다녀올게." 하고 인사했더니, 너는 잠결에도
고개를 끄덕이더구나. 아마도 내 목소리가 잠자고 있던
너한테 들렸나 보지.
지금 아빠는 서울로 돌아가는 비행기 안에 앉아 있다.
아빠가 싫어하는 홍콩 무술영화를 상영하길래, 의자 위에
달려 있는 불을 켜고서 이 편지를 쓰고 있단다. 다른
편지라면 한국에 가서 써도 되겠지만, 아빠는 이 편지를 더
미룰 수가 없기 때문에 비행기 안에서 쓰는 거란다.
글이야. 너 지금도 그 일이 생각나니? 네가 유치원도
들어가기 전에, 우리는 극동아파트에 살았었지. 우리
옆집에는 너하고 동갑내기인 재호라는 친구가 살았었구.

재호네 엄마와 아빠는 둘 다 네 엄마나 아빠보다 키도 크고
힘도 세었는데(힘이 정말 세었는지는 잘 모르겠지만 아빠가
겉으로 보기에는 우리보다 힘이 센 사람들 같았다), 네 키나
몸집이 재호보다 조금은 더 큰 것 같았다.

동갑내기 친구들이 늘 그러는 것처럼, 너희들은 아주 사이
좋은 친구였지. 책도 같이 보고, 노래도 같이 부르고, 밥도
같이 먹고, 아무튼 날마다 같이 어울려 놀았었다. 그런데
어느 날 재호가 우리 집에 쳐들어왔었지. 아마도
텔레비전에서 보았던 전쟁놀이를 흉내내었는지, 머리에는
장난감 철모를 쓰고 손에는 기관총을 들었더구나. 재호가
기관총 방아쇠를 연발로 잡아당기는 바람에 총구에서는
시끄러운 총소리가 났었지. 지금 아빠 기억에 실제로
총알이 튀어나오지는 않았던 것 같지만, 아무튼 아빠는
깜짝 놀랐다.

너도 몹시 당황했던 것 같다. 적군이 쳐들어왔으니까
당연히 막아서 싸워야 한다고 생각했겠지. 그런데 문제는
우리 집에 총이 없었다는 사실이다. 그렇다고 가만히
있다가 적군의 총에 맞아 죽을 수는 없으니까, 너도 무기를
들고 나서더구나. 그런데 네가 순간적으로 찾아서 들고
나온 무기라는 것이 정말 우스웠다. 장난감 플라스틱
방망이를 들고 나온 데다, 머리에는 플라스틱 바구니를
뒤집어썼더구나. 게다가 입으로는 "빵! 빵!" 하면서
총소리를 내며 대항하였지. 물론 네가 힘으로 밀어붙이는
바람에 그 전쟁은 곧 끝나고 말았지만, 나는 그 전쟁

모습을 보면서 한편으로는 눈물이 나도록 재미있었고,
한편으로는 심각한 고민에 빠지기도 했단다. 마치 육이오
전쟁 때 탱크를 몰고 쳐들어온 북한군과 맨손으로 맞서던
우리 국군의 싸움을 다시 보는 것 같았는데, 폭력이 날뛰는
이 세상을 살면서 과연 우리 글이를 지금처럼
비폭력주의자로 키워도 될까 하는 생각을 해 본 거지.
아빠는 싸우는 것을 싫어한다. 어렸을 때에도 친구들하고
싸웠던 적이 없었고, 친구들도 그러한 나를 인정했는지
아무도 나에게 싸움을 걸지 않았다. 물론 장난감 총이나
칼을 사 본 적도 없었지. 그때는 장난감이 귀하기도
했었는데, 언젠가 우리 할아버지가 나에게 장난감 기타를
가져다 주셨다. 피난시절이었던 우리나라에서는 그런
장난감을 만들지도 못했을 테고, 할아버지가 목사님으로
일하시면서 고아원도 경영하셨으니까. 아마도 흔했던
구호물자 가운데 하나를 가져다 주셨던 것 같다.
그 조그만 기타에 손잡이가 달려 있었는데, 손잡이를
돌리면 저절로 음악이 연주되어 나왔다. 요즘 생각해 보니
겉모습을 기타 모양으로 만든 뮤직박스였던 것 같다.
아무튼 피난지 인천의 살벌한 동네에서 자랐던 내게는
그 장난감 기타가 커다란 위안이었고, 황홀한 세계였단다.
기타의 손잡이만 돌리면 아름답고 황홀한 음악이 끝없이
흘러 나왔지. 집 밖에도 나가지 않고, 하루 종일 그 기타의
노래를 들으며 꿈을 꾸고 놀았었지.
지금도 그 기타의 노랫소리는 아빠 귀에 들리고 있단다.

내가 그 기타를 얼마나 오래 가지고 놀았는지는 확실한
기억이 없고, 나중에 어떻게 없어졌는지도 모르겠다. 너무
오래 가지고 놀아서 기타 속에 감겨져 있던 고무벨트가
끊어졌고, 아버지가 그 고무벨트를 다시 붙여 주셨던
기억까지는 확실한데, 그 다음은 생각나지를 않아.
고친 뒤로는 노랫소리가 신통하지 않았는지, 아니면 누가
가져갔는지, 아니면 부서졌는지 모르겠다. 그렇지만 그런
건 하나도 중요하지 않단다. 아빠가 어린 시절에 그 기타를
가지고 놀면서 아름다운 음악세계와 꿈나라로 빠져들 수
있었다는 게 중요하고, 그때 들었던 노랫소리가 그 뒤로도
오래오래 아빠의 귓가에 맴돌았다는 사실이 중요한 거지.
그 뒤로 커서 중학생이 되고 대학생이 될 때까지, 아니
요즘도 아름다운 음악소리를 들으면 꼭 어린 시절의
기타소리가 생각난단다. 기타소리만 생각나는 게 아니라,
호기심 많고 천진했던 어린 시절의 아빠 모습도 생각나고,
내가 그 무렵에 살던 옛날집도 생각나고, 지금보다는
삼사십 년쯤 젊으신 어머니의 모습도 생각난단다. 지금 네
엄마 나이쯤 되셨겠지. 회색 나무로 만든 대문에 옆집
친구들이 낙서했던 것도 생각나고(그런데 너무 희미해서
무어라고 썼는지는 읽을 수가 없구나), 아버지가 유치원
원장을 오래 하셨던 바람에 삼 년씩이나 그 먼 유치원을 할
수 없이 걸어 다녀야 했던 것까지도 생각난단다.
그런데 지금 그 장난감 기타는 어디로 갔을까? 아빠
생각에는 이 세상 어딘가에 꼭 남아 있을 것만 같다.

아빠처럼 꿈 많은 어린이가 그 기타소리를 들으면서
황홀한 세계로 빠져들고, 자기의 꿈을 키우고 있을 것
같구나. 그 기타가 어디에 있는지 알 수만 있다면 얼마나
좋을까? 그 주인이 부르는 대로 값을 주고서라도 꼭 사
오고 싶다. 이따금 그 기타소리를 들으며 아빠도 다시
어려지고 싶고, 글이에게도 들려주고 싶다. 그런데 글이야,
아빠는 그렇게 자랐는데 네가 친구들을 때렸다니, 아빠는
지금도 그 말이 믿어지지를 않는다.

한쪽에서 아무리 싸움을 걸어도 이쪽에서 맞서지 않으면
싸움이 되지 않는 법이다. 장난을 걸었다가 싱거워지니까
그만 제풀에 시드는 거지. 재호도 그 뒤로는 총을 가지고
쳐들어오지 않았다. 그 대신에 너희들은 씨름을 했었지. 뭐
정확한 씨름 방법을 아는 게 아니라, 힘이 넘쳐서 어쩔
줄을 모르는 두 아이가 그냥 부둥켜안고서 밀어붙이는
거였지. 그런데 네가 몸집이 조금 더 커서인지, 언제나 네가
이겼다. 아빠도 서너 번 너희들이 씨름하는 모습을
보았는데, 솔직히 아빠는 네가 이기는 게 기분 좋았다.
그러니 울고 돌아오는 재호를 보는 그 집 엄마나 아빠의
마음이 어땠겠니?

처음에는 그 집 부모들도 웃으면서 그 이야기를 하더니,
언제부턴가 그 집에서는 자기 아이에게 싸우는 법을
가르쳐 주기 시작했다. 아파트 뒷마당에서 재호를
뒹굴리며 힘이 세어지는 훈련을 시킨 거지. 아빠가 재호의
두 다리를 붙들고서 두 손으로만 걸어가게 (걷는 것도 기는

것도 아니라서. 정확한 표현을 모르겠구나) 연습한다든지.
물구나무를 세운다든지 하면서 체력을 단련시키는 모습을
아빠도 한두 번 보았다. 게다가 권투하는 방법까지
가르쳤으니. 그 뒤로는 서로 상대가 되지 않았지.
아빠는 너에게 싸우는 방법을 가르쳐 줄 실력도 없었고.
그럴 시간도 없었고. 그럴 생각도 없었거든. 결국 며칠
뒤부터 너는 필사적으로 대드는 재호에게 지기 시작했지.
너희들의 싸움은 그렇게 끝나고 말았다. 그 무렵에 우리가
연희동으로 이사 오면서 더 싸울 기회도 없었던 거지.
그렇게 싸움을 모르고 컸던 글이가 미국까지 와서
친구들과 싸웠다니. 아빠는 믿을 수가 없었다. 물론 네가
집에 와서 그 이야기를 해 주지 않았으니 그 동안은 모르고
지냈었지. 그저께 너를 학교에 데려다 주러 갔다가 네
친구의 엄마를 통해서 그 이야기를 들으며 아빠가 얼마나
부끄럽고 미안했는지 짐작할 수나 있겠니? 네 반에 한국
아이가 세 명 있는데. 너는 그 친구들하고 돌아가면서 한
번씩 다 싸웠다더구나. 일단 그날은 엄마가 그 애 엄마에게
정중하게 사과를 했지. 그렇지만 날마다 너는 때리고
엄마는 사과할 수는 없는 일이지. 그것보다는 네가
달라져야만 해.
한국이건 미국이건 어느 나라나 마찬가지야. 민주사회에서
살아가려면 함께 어울려 사는 법을 배워야 한단다. 내
자유가 중요한 것처럼. 상대방의 자유도 중요하다는
생각을 해야만 하는 거지. 너는 엄마가 네 생활에

조금이라도 관심 가지는 것을 싫어했지. 아마도 네 자유를
간섭한다고 생각하는 모양이다. 엄마가 자기 일에
간섭하는 것도 싫어하면서, 어찌 친구가 자기 마음대로
따라오지 않는다고 신경질을 내고, 심지어는 얼굴을 때릴
수가 있겠니?

물론 네가 힘이 세니까 그 친구에게 이긴 거라고
생각했겠지만, 그 친구는 싸우는 법을 배우지 않고 사는
거란다. 그 사회에서 함께 어울려 사는 법을 배우고 자란
그 친구가 한국에서 새로 전학 온 너와 사이 좋게 지내려고
가까이 다가왔는데, 너는 네 방식대로 따라오지 않는다고
친구들과 말다툼하고 손짓까지 한다면, 누가 너를 더 이상
친구로 생각하겠니? 결국 너는 외톨이가 되는 거란다. 인간
세상에서 가장 무서운 것은 남에게 맞는 것이 아니라,
아무와도 어울리지 못하고 외톨이가 되는 거란다.

물론 나는 아직도 네가 폭력주의자라고 생각하지는
않는다. 어릴 적에 그렇게 자랐던 네가 어찌 폭력을 좋아할
수 있겠니? 다만 미국이라는 새 사회로 옮겨 와서 아직
적응하지 못했기에, 한국에서처럼 친구들이 너를 받들어
주지 않으니까 잠시 짜증이 났을 뿐이었겠지.

글이야. 그런 생활은 잠시로 끝내자. 그리고 앞으로 네
눈앞에 늘 새롭게 펼쳐질 이 세상을 아름답게 살아 보아라.
이 세상은 너무나 아름다워서, 꼭 한 번 네 꿈을 펼쳐
가면서 살아 볼 값어치가 있는 곳이란다. 그렇지만 누구도
두 번 살아 볼 수는 없는 게 바로 이 세상이야.

네가 어렸을 적에 너는 피아노를 치고 아빠는 그 노래에
작사를 하고 엄마는 옆에서 노래를 따라 부르며 놀았던
적이 있었지. 아빠는 아직도 그 노래를 기억하고. 네가 없는
지금도 이따금 그 노래를 혼자서 불러 본단다. 그러면
유치원에 다니던 네 모습이 생각나지.

어찌 노래를 부르는 것만 아름다운 일이겠느냐?

그림물감으로 아빠 얼굴을 그려 보아라. 네가 어렸을 적에
보았던 아빠의 모습도 그려 보고, 몇 년 전엔가 너에게
야단치던 아빠의 모습도 그려 보고, 비행장에서 손을
흔들던 아빠의 모습도 그려 보아라. 그림을 그리는 동안에
그때의 네 모습도 생각날 테고, 그때의 엄마 모습도 생각날
테고, 여러가지 아름다운 추억들이 함께 생각날 게다.

사람의 한세상은 너무나 짧아서, 아름다운 일만 하면서
살기에도 시간이 모자란단다. 세월은 아주 빠르게
흘러가거든. 그러니 친구들과 싸울 시간이 어디 있겠니?

이제 무술영화가 끝나서 사람들이 웅성거리며 다들
일어나는구나. 편지도 여기서 끝내야겠다. 너희 반에 한국
친구가 세 명이나 있다니 다들 사이 좋게 지내어라. 미국
친구들과도 사이 좋게 지내고, 서로 어울려 사는 법을 너
혼자 배워 보아라. 안녕.

1993년 10월 16일

서울로 돌아오는 비행기 안에서 아빠가 쓴다.

아름다운 기억을 가지고 크거라*

글이에게.

오늘 아침은 초가을 날씨치고 무척이나 추웠지. 그래서 네
엄마가 "가을이 되니 제법 쓸쓸해지네"라고 말했더니, 너는
마치 기다리기라도 했다는 듯이 "나는 혜진이를 만나지
못해서 쓸쓸해요"라고 대답했지. 그 말을 듣고 우리 모두가
웃었었지. 혜진이라면 벌써 2년 전에 헤어진 여자 친구인데
아직도 기억하다니, 나는 네가 우스우면서도 무척이나
대견했단다.

하긴 헤어졌다는 말 자체가 쑥스럽기도 하구나.
혜진이하고는 서너 달 옆집에 살았던 인연밖에는 없었으니
말이다. 너는 여섯 살이었고, 혜진이는 다섯 살이었지.
너희들이 함께 유치원에 가는 것을 두어 번 보았기에, 나도
그 애의 얼굴을 기억하고 있단다. 무심코 본 내가 아직도
기억하고 있을 정도니까, 친하게 지냈던 네가 아직도
기억하고 있는 것은 당연한 일이겠지.

그 무렵 아파트 복도에서 보았던 예쁜 여자아이가 바로
우리 옆집에 사는 아이이며, 너하고 가장 친하게 지낸다는
이야기를 네 엄마로부터 듣고, 나는 공연히 기분이
좋아졌단다. 글쎄, 왜 그랬을까? 지금 생각해 보아도

---

* 이 편지는 지금은 고등학생이 된 아들 글이가 유치원에 다닐 때 필자가 보낸
것인데, 10년 뒤에 다시 이 이야기를 하자고 쓴 기억이 나서 책에 싣는다.

그럴듯한 이유가 떠오르지 않는다. 네 나이가 지금보다
스무 살쯤 많고, 또 우리 나이도 스무 살쯤 많았다면
이야기는 달랐겠지. 며느리감을 고르는 부모의 심정이었을
테니까 말이다.

혜진이네가 목동으로 이사 가던 날, 너는 무척이나
우울했었지. 이삿짐을 나르며 오르내리는 곤돌라 옆에서
내내 혜진이와 놀던, 못내 서운해하던 네 얼굴이 나는 그
뒤에도 이따금 떠올랐단다. 이런 내 마음을 이제야 알면서,
너는 깜짝 놀랄 것이다. "아빠 같은 어른이 그날 생각을
아직도 하고 있다니" 하고 말이다.

나는 네가 혜진이하고 헤어지더라도 오래오래 기억하기를
바랐단다. 물론 나는 네게 이런 말을 한 번도 한 적이
없었지. 어른이 아이에게 억지로 시킬 일이 아니었거든.
그렇지만 어린 시절에 그처럼 애틋한 기억을 간직한다는
것이 얼마나 아름다운 일이냐. 그날 네 엄마가 너희들이
함께 앉아 있는 사진을 찍어 준 것이 나는 아직도
고맙단다. 아마 네 엄마의 심정도 마찬가지였을 것이다.
나하고 네 엄마는 연희동에 이사 와서도 이따금 혜진이와
네가 함께 앉아 있는 그날의 사진을 함께 들여다보면서, 별
이야기를 다 한단다. "혜진이 같은 여자애라면 우리 글이의
색시를 삼아도 좋겠다"는 이야기지. 이 이야기를 읽으면서,
너는 깜짝 놀라겠지. 아니, 혜진이의 아빠와 엄마가 읽으면,
더욱 놀랄 것이다. 어쩌면 기가 막혀 할지도 모를 일이지.
그러나 우리 생각이 구체적인 계획은 물론 아니란다. 그저

해 보는 말일 뿐이지.

언젠가 네 엄마가 백화점에 다녀오다가, 지하도에서
혜진이네 엄마와 아빠를 만났단다. 혜진이가 옆에 없어서
조금 서운하긴 했지만. 그런데 혜진이 아빠가 안부를 묻던
끝에, "동네에서 아무리 찾아봐도 글이만한 남자아이가
없어요" 하더라는 말을 듣고, 아빠는 마치 내가 칭찬을
듣기라도 한 것처럼 신이 났단다. 너를 칭찬해 주어서가
아니라, 그 집에서도 아직 너를 기억하고 있다는 사실이
신났던 거지. 그 뒤로 전화도 두어 번 했었지. 내년에
혜진이도 국민학생이 되면, 우리 집으로 한 번 불러오고
싶다. 정원에다 식탁을 마련하고, 잘 익은 과일들을 따서
먹으며 그 동안의 이야기도 맘껏 해 보렴. 네가 좋아하는
그림도 그리고, 노래도 부르렴. 네가 피아노를 치면서
혜진이와 함께 노래를 부르려면, 지금부터 열심히
연습해야 할 것 같다.

내가 어렸을 적에, 우리 옆집에도 나보다 한 살 어린
여자아이가 있었단다. 원래 나는 우리 앞집에 살던, 지금은
이름도 잊어버린 다른 여자아이와 친하게 놀았었지. 별로
예쁠 것도 없는 여자아이였는데, 아버지가 같은 회사에
다니다 보니, 자연스럽게 친해졌던 거란다. 그래서 날마다
내가 그 집에 가서 놀거나, 그 애가 우리 집에 찾아와서
놀았지. 그런데 어느 날 내가 그 집에 놀러 가서 그 애의
이름을 불렀는데도, 문을 열어 주지 않더구나. 그래서 좀더
큰 목소리로 불렀더니, 그제서야 그 애 어머니가 문을 열고

나왔어. 그러더니, "너도 오늘부턴 일곱 살이 되었으니까, 우리 집에 놀러 오면 안 된다. 이제부터 남자는 남자끼리, 여자는 여자끼리 놀아야 하는 거야" 하고는 다시 문을 닫고 집안으로 들어가더라구. 나는 한참이나 멍했었지. 자기 어머니의 등뒤에서 문틈으로 내 얼굴을 바라보며 안타까워하던 그 여자애의 마지막 모습이 자꾸만 눈앞에 떠올라, "내가 무슨 잘못이라도 했나?" 하고 생각해 보았지. 내가 좀더 큰 뒤에 알았지만, 그게 바로 '남녀칠세부동석' 이란 거였어. 요즘은 그런 일이 없겠지만, 옛날에는 남자와 여자가 일곱 살이 되면 함께 놀지 못하게 했단다. 그런데 별로 옛날도 아니었던 그때에 내가 그런 꼴을 당한 거였지.

어쨌든 나는 그 덕분에 그 애보다 더 예쁜 인애와 놀게 되었지. 바로 우리 옆집 아이였으니까 내가 길을 건너가지 않아도 되어서 좋았고, 인애 어머니가 젊고 신식 어머니여서 또 좋았지. 인애네 집에는 내가 그때까지 보지도 못했던 장난감들이 많아서 또 좋았단다. 나는 인애보다 일 년이나 학교에 빨리 들어갔기 때문에, 여러가지로 으스댈 수 있었단다. 지금 생각해 보면 별것도 아니지만, 국민학생과 유치원 학생은 하늘과 땅 차이라고 생각했거든. 그래서 학교에서 새로 배운 것들을 인애에게 가르쳐 주기에 바빴지. 아마도 인애는 그 또래들 가운데 가장 유식한 아이였을 거야. 그때는 텔레비전도 없었고, 그림책도 없었던 피난시절이었거든. 학교놀이도 하고,

장사놀이도 하고, 날마다 재미있게 놀았단다.

하루는 학교에서 우체국에 대해서 배웠지. 편지를 써서
우표를 붙이면 아무리 멀어도 배달해 준다는 선생님의
말씀을 듣고, 나는 너무나 놀랐단다. 그런 일이 있을 수
있다니, 너무나 신기했거든. 그래서 그날은 집에
돌아오자마자, 인애도 만나러 가지 않고 편지부터 썼단다.
너무나 오래 되어서, 이젠 무슨 이야기를 썼는지 기억도
나지 않지만, 일학년 깍두기 공책을 한 장 뜯어서
몽당연필로 두어 줄 끄적거렸던 것 같다. 그때 아빠는 지금
글이가 편지를 쓰는 것처럼 잘 쓰지를 못했거든.
편지를 다 쓰고 나서는, 영문도 모르는 인애를 끌고 내가
다니던 송현국민학교 정문 앞까지 단숨에 달려갔단다.
우체통이 그곳밖에 없었던 것은 아닐 텐데도, 학교 앞에
있는 우체통에다 편지를 넣어야만 제대로 배달해 줄
것이라고 생각했던 모양이지. 그러고는 힘이 다 빠져서
터덜터덜 걸어오고 있었는데, 대문 앞에 서 있던 인애
어머니가, "너희들 어디 다녀오는 거냐?" 하고 물으셨어.
그래서 나는 자랑스럽게 "아직 편지 안 왔어요?" 하고
여쭈었지. 그때만 해도 한글을 모르던 국민학생들이
많았는데, 일학년 아이가 편지까지 썼다는 사실이 내 어린
생각에도 꽤 대견했고, "인애 어머께서 나를 칭찬해
주셨으면……" 하는 욕심도 조금은 생겼지. 그래서 꽤나
자랑스러운 얼굴로 인애 어머니를 쳐다보았는데, 웬걸
'무슨 뚱딴지 같은 소리냐?' 하는 표정이셨단다.

편지가 우체통에서 우체국을 거쳐 집까지 배달되는 데에는
이틀쯤 걸린다는 사실을 그때야 알게 되었지. 그것보다도
우표를 붙이지 않은 편지는 배달되지 않는다는 사실이
나를 더욱 절망스럽게 했단다. 그때만 해도
어린아이들에게 용돈을 잘 주지 않던 시절이었으니까,
우표를 살 돈이 없었던 거지. 아니, 주머니 속에 그만한
돈이 있었더라도, 나 혼자서 우표를 살 생각은 하지 못했을
거야.

나는 지금도 '그 편지가 어디쯤 가 있을까?' 하고 궁금해할
때가 더러 있단다. 만약에 그 편지가 어디 있는지 알기만
한다면 우표를 몇 장 사서라도, 아니 아무리 많은 돈을
주고서라도 그 편지를 다시 사들일 거야. 아무런 사연도
쓰여 있지 않은 편지지만, 어린 시절의 내 꿈이 그 속에
담겨 있거든. 그 편지를 내 손에 다시 쥘 수만 있다면, 나도
삼십 년쯤은 어려질 수가 있는 거지. 글이하고 친구처럼
이야기도 할 수 있을 거구 말이야.

내가 일학년을 마치기도 전에, 우리는 새 집을 짓고 다른
동네로 이사 갔단다. 그 집은 몇 년 동안 전세를 주고
말이야. 골목을 두 개만 지나면 되는 동네였으니까 별로
멀지도 않았는데, 그 동네에 가서도 또 여자 친구들이
생겨서 옛날 동네에는 놀러 가게 되지 않았지.

내가 고등학생이 되어서야 다시 그 동네로 이사를 왔지.
물론 나는 제일 먼저 인애의 소식이 궁금했어. 마치 네가
혜진이 소식을 궁금해하던 것처럼 말이야. 그렇지만

소꿉장난 시절처럼 그 애네 집으로 찾아갈 수는 없는 일이
아니겠니? 그럭저럭 며칠이 지났지.

어느날 아침에 학교를 가다가 인애를 보았단다. 그런데
처음에는 인애가 아닌 줄 알았어. 그러면서도 어딘가
비슷하더라구. 게다가 그 골목에서 나왔으니까 그 애라는
걸 짐작할 수 있었지. 그 순간에 내 마음속 어디에선가, "저
애는 인애가 아니다" 하는 소리가 들려 왔단다. 이제는
아주머니가 되어서 어디엔가 살고 있을 그 사람이 이
편지를 보는 일은 없을 테니까 너한테만 마음놓고 하는
말인데, 일곱 살 때 보았던 인애처럼 예쁘지가 않더라구.
그리고 인애네 집도 내 기억에 남아 있던 것처럼 좋은 집이
아니었어. 내 기억에는 우리 집보다 훨씬 크고 우리
동네에서 제일 좋았던 것 같았는데, 다시 보니까 그저
그렇더라구. 나는 결국 끝까지 인애를 아는 척하지
않았단다. 지금 생각해 보면 우스운 일이지만, 인애가
추억처럼 예쁘지 않아서 너무 실망했던 모양이야.
그러다가 나중에 어머니로부터 "인애네가 월미도 쪽으로
이사 갔다"는 말을 들었단다. 그때의 시원섭섭함이란…….
나는 그 뒤로 한 번도 인애를 보지 못했단다. 대학생이
되던 해엔가 어느 날 갑자기 인애가 보고 싶어서 월미도
근처에 갔던 적이 있었지. 그런데 생각보다 월미도 근처가
너무 넓어서, 어디에 가서 인애를 찾아야 할지
모르겠더라구. 그럴 줄 알았으면 어머니에게 자세히
여쭈어 보고 나오는 건데. 물론 그 뒤로 다시 찾아간 적은

없었다. 세상 일이 하는 것도 없이 그렇게 바쁜 법이란다. 그러면서도 인애를 아주 잊어버린 것은 아니야. 네가 혜진이랑 놀던 모습을 보면서, 일곱 살 때의 인애를 생각했었지. 햇볕이 환하게 들던 그 애네 집 뒷마당에서 자리를 깔고 벌렸던 소꿉장난을. 내가 아빠였고, 인애는 엄마였지. 그런데 그 다음에는 아무런 생각도 나지를 않아. 이제는 빛 바랜 사진이 된 모양이다. 길을 가다가 만나도 몰라보고 지나가겠지.

나는 네가 혜진이를 오래오래 기억했으면 좋겠다. 점점 희미해져 가는 사진처럼 기억하거나. 엄마가 모처럼 전화를 통하게 해 줘도 제대로 말하지 못하고 쭈뼛거리는 것이 아니라. 이제는 일곱 살이 된 혜진이와 만나서 놀고, 또 내년에는 여덟 살이 되는 혜진이와 만나서 놀며, 계속 아름다운 기억들을 쌓아 가는 친구가 되었으면 좋겠다. 아빠가 어렸던 시절에서 삼십 년이나 지났으니. 요즘 어린이들은 그만큼 달라져야지.

한때나마 며느리감으로 보면서 좋아했던 엄마 아빠의 이야기는 잊어버리렴. 혜진이가 없어서 쓸쓸하다는 이야기도 이제는 하지 말고. 글아. 아름다운 기억들을 많이 가지고 자라거라. 우리 십 년 뒤에도 혜진이 이야기를 다시 해 보자. 그럼 잘 자렴.

1990년 11월 11일

아빠가 쓴다.

아빠에게**

아빠. 처음부터 이런 말은 좀 그렇지만. 2년 전이 아니라 3
년 전이에요. 내가 다섯 살이고 혜진이가 네 살 때였지요.
혜진이는 1984년 1월이나 2월생이거든요.
아빠는 좋겠네요. 나는 서너 달 뒤에 혜진이가 이사를 갔는
데, 아빠는 삼사 년 뒤에 이사를 갔다니요. 혜진이가 갑자기
이사를 가니까 우울해졌어요. 지금도 그때를 생각하면 우
울해져요.
아빠 때는 "남녀칠세부동산"이 있었다니 이상해요. 요즘은
그런게 없어가지고 편한데.
(아빠 편지를 2일 만 더 검토해 보고 2회 답장을 쓸 게요)
글이가.

글이의 이 답장을 읽으면서 나는 웃음을 참을 수가 없었다. "남
녀칠세부동산"이라니! 물론 한자를 배우지 못한 탓이었겠지만.
"신문과 방송에서 그렇게 떠들던 '부동산'이 저 애 머리 속 한 구
석을 차지하고 있구나" 하고 생각하니 씁쓸하기도 했다.
글이가 유치원 시절 어느 날인가 친구 생일이라고 선물을 사 가
지고 간 적이 있었다. 그러더니 유치원이 끝날 무렵에 풍선이랑 조
그만 선물 꾸러미들을 가지고 둘이서 아파트를 들어서던 모습이
생각났다. 아마도 그날이 혜진이 생일이었던 모양인데, 글이도 그

** 이 편지는 글이가 앞 편지의 답장으로 보낸 것이다.

날이 1월이나 2월쯤이라고 생각하고 있는 것 같다.

　글이가 답장을 쓰다가 잠시 나를 찾아와서 "아까 편지에 '남아일언부동산'이란 말이 있었는데, '부동산'인지 '부동석'인지 확실치가 않아요" 하고 자문을 구해 왔었다. 하긴 "남아일언중천금"이나 "남아일언부동산"이나 결국은 같은 뜻이겠지만, 글이 머리 속에 예전에 들었던 "남아일언…"은 남아 있으면서도 방금 흥분해서 읽었던 편지 속의 "남녀칠세부동석"은 기억도 없는 것을 보면, 분명히 세상은 달라진 모양이다.

허경진

1952년 목포에서 태어나 인천에서 자랐다. 연세대학교 국문과를 졸업하면서 시 〈요나서〉로 연세문학
상을 받았고 〈허균의 시 연구〉로 연세대에서 문학박사 학위를 받았다.
현재 목원대학교 국어교육과 교수로 있다.
저서로는 《허균》과 《조선위항문학사》《대전지역 누정문학 연구》를 비롯해 6권이 있다.
역서로는 《역대 한국한시시화(歷代韓國漢詩詩話)》 외에, 《다산 정약용 시선》을 비롯한 '한국의 한시'
총서 40권, 《삼국유사》와 《연암 박지원 소설집》《서유견문》을 비롯한 고전산책 10권 등이 있다.
어려운 한문을 쉬운 한글로 옮기는 작업에 전념하고 있으며, 고등학교 국어시간에 이름을 들었던 고
전 정도는 모두 한글로 옮겨져 일반 독자들이 읽어볼 수 있게 해야 한다는 신념을 가지고 있는 한글
전용주의자이다. 연구실이나 논문집에만 갇혀 있는 한문학이 아니라 독자들과 함께하는 한문학이
되어야 한다고 생각하며, 향토 문중의 어른들과도 자주 만나고 있다. 요즘은 우리 조상들의
문화공간이던 누각과 정자에 관심을 갖고, 대전 지역과 충남 지역의 정자를 찾아다니고 있다.

내 아들 딸들에게 아버지가 쓴다

● 1999년 1월 8일 초판 1쇄 발행
● 2008년 4월 21일 초판 8쇄 발행
● 지은이   허경진
● 펴낸이   박혜숙
● 편집인   백승종
● 영업 및 제작   변재원
● 인쇄   백왕인쇄
● 제본   정민제본
● 용지   화인페이퍼
● 펴낸곳   도서출판 푸른역사
     우 110-040 서울시 종로구 통의동 82
     전화: 02)720 - 8921(편집부) 02)720 - 8920(영업부)
     팩스: 02)720 - 9887
     전자우편: 2007history@naver.com
     등록: 1997년 2월 14일 제13-483호

ⓒ 허경진, 2008
ISBN 978- 89-87787-10-9 03810